La Loire à vélo

... und viele weitere Kurzgeschichten
aus dem französischen Alltag

von
Romain Allais und Xavier Creff

PONS 5-Minuten-Lektüren FRANZÖSISCH
La Loire à vélo ... und viele weitere Kurzgeschichten
Kurzgeschichten aus dem französischen Alltag

von
Romain Allais und Xavier Creff

Alle Personen und Handlungen sind erfunden. Ähnlichkeiten mit lebenden oder verstorbenen Personen und tatsächlichen Begebenheiten wären rein zufällig.

3. Auflage 2024

Projektleitung: Christine Lippet
Redaktion: Fabienne Schmaus
Logoentwurf: Erwin Poell, Heidelberg
Logoüberarbeitung: Sabine Redlin, Ludwigsburg
Einbandgestaltung: Anne Pixaras, Stuttgart
Layout: Petra Michel, Essen
Satz: Datagroup Int. SRL, Timisoara
Druck/Bindung: Multiprint Ltd., Kostinbrod

ISBN: 978-3-12-562281-6

Schenken
Sie diesem Vorwort
5 Minuten Zeit !

Die Geschichten

Perfekt für 5 Minuten!
In diesem Buch finden Sie 20 kurze französische Geschichten, mit denen Sie wunderbar jede Pause, Wartezeit oder Busfahrt verkürzen können.

Mit locker-leichten Geschichten lernen Sie den **französischen Alltag** kennen und erweitern mühelos Ihren Französisch-Wortschatz zu grundlegenden Themen.

Lesefreundlich!
Worthilfen stehen direkt über dem Wort, z.B.: Haus **maison**. So können Sie weiterlesen, ganz ohne Blättern im Wörterbuch. Manche Wörter sind **rot** markiert. Das sind Wörter, die in den **Mind-Maps** auftauchen. Dazu mehr auf der nächsten Seite!

Platz für Notizen
Der große Zeilenabstand bietet auch Raum für Ihre eigenen Eintragungen.

Die Mind-Maps

Das wird Ihr Gehirn lieben!
Unser Gehirn freut sich über Strukturen. Es sortiert Dinge gerne in Gruppen, da es sie sich so leichter merken kann.

Natürlicher Gedankengang
Wenn Sie an einen Begriff denken, dann meistens nicht an diesen allein! In der Regel haben Sie, wie auf einer Gedanken-Landkarte (Mind-Map), verwandte Dinge vor Augen.

Wortfelder statt Listen
Auch Wörter lassen sich in thematisch zusammenhängenden Gruppen viel einfacher lernen und merken als in umfangreichen Listen.

Deshalb finden Sie nach jeder Geschichte eine **Mind-Map**, die das zentrale Thema der Geschichte in Form von Vokabeln aufgreift und weiterführt. Hier begegnen Ihnen die rot markierten Wörter aus den Geschichten wieder und viele weitere. Sie sind thematisch gruppiert und liebevoll illustriert.

Viel Spaß & Erfolg beim Entdecken wünscht Ihnen die PONS-Redaktion

INHALT

Un week-end de peinture

La maison neuve de Bastien et Laura est enfin finie. Ils sont contents parce qu'ils vont **emménager** (einziehen) dans leur nouvelle **demeure** (Bleibe). Mais ils ne peuvent pas encore y vivre : les **peintures** (Malarbeiten) ne sont pas faites ! Ils invitent donc ce week-end trois amis pour les aider : Aline, Julien et Olivier.

Le samedi matin, les amis arrivent avant Bastien et Laura. Heureusement, ils n'attendent pas longtemps. Bastien explique pourquoi ils **sont en retard** (zu spät sind) :

– Nous sommes allés au **magasin de bricolage** (Baumarkt) et nous avons acheté des **pots de peinture** (Farbtöpfe).

Bastien met les pots dans le garage. Laura propose :

– Avant de commencer, je vais vous faire visiter la maison.

Les trois amis **suivent** (folgen) Laura. Elle passe la **porte d'entrée** (Eingangstür) et arrive directement dans le **salon** (Wohnzimmer). À droite, il y a la **cuisine** (Küche) ouverte sur la **salle à manger** (Esszimmer). À gauche, une porte mène à un petit **couloir** (Flur). Laura explique :

- Ici, il y a trois **chambres** (Schlafzimmer) et un **bureau** (Arbeitszimmer).

- Et où est la **salle de bain** (Badezimmer) ? demande Olivier.

- Là.

Elle ajoute :

- Et les toilettes sont **au fond du** (am Ende von) couloir.

À ce moment-là, Bastien demande :

- Comment trouvez-vous la maison ?

- Très belle, répond Aline. Y a-t-il un étage ?

- Non, nous préférons les **maisons de plain-pied** (ebenerdige Häuser).

Les cinq amis retournent dans le salon. Bastien explique le programme de la journée : il faut **peindre** (anmalen) en blanc les **murs** (Wände) et le **plafond** (Decke) dans toutes les **pièces** (Räume). Mais avant de commencer, ils doivent **protéger** (schützen) le **carrelage** (Fliesen) et le **plancher** (Holzboden). Bastien donne à **tout le monde** (jedem) du papier journal et du **ruban adhésif** (Klebeband). Puis il va dans le garage pour chercher la **peinture** (Farbe).

Julien lui demande :

- As-tu besoin de mon aide ?

Gerne
- **Volontiers**, accepte Bastien, parce que les pots sont très lourds.

Quand les deux amis rapportent les pots dans le salon, Julien demande :

Pinsel Farbrollen
- Où sont les **pinceaux** et les **rouleaux** ?

am Boden zerstört
Bastien et Laura se regardent, **catastrophés**. Ils ont oublié d'acheter les pinceaux et les rouleaux !

Trittleiter
- Heureusement que tu n'as pas oublié l'**escabeau** pour
macht sich lustig
peindre les plafonds ! **se moque** Julien.

- Nous n'avons pas le choix. Je retourne au magasin pour en acheter, dit Bastien.

Aline ajoute :

- Heureusement, les magasins sont ouverts le samedi matin.

wie das Haus aussehen wird
Pendant ce temps, Laura explique **à quoi va ressembler la maison** :

In der Nähe von Terrassentür
- **Près de** cette grande **porte-fenêtre**, il y aura une grande
Gegenüber
table pour manger. **En face de** la télévision, il y aura un
Sofa neben
canapé et, **à côté** de la fenêtre, je voudrais avoir une grande
Bücherschrank
bibliothèque.

Une heure plus tard, Bastien revient avec les pinceaux et les rouleaux. La travail peut enfin commencer. Les filles **s'occupent** [kümmern sich] des chambres, les garçons s'occupent de la cuisine, du salon et de la salle à manger. À midi, ils mangent rapidement un sandwich. En fin de journée, tous les plafonds sont blancs, mais il reste encore les murs. Les amis se donnent rendez-vous **le lendemain** [am nächsten Tag] pour finir le travail.

Le dimanche, ils **se retrouvent** [treffen sich] tous tôt le matin. Laura a apporté du café et des croissants. Après le petit déjeuner, ils commencent à peindre les murs de la salle de bain, des toilettes et du bureau. La matinée **suffit** [reicht] pour faire toutes les peintures. Olivier dit :

– Je suis bien content **d'en avoir fini** [damit fertig zu sein] parce que je suis **épuisé** [erschöpft].

Soudain, Laura prend la parole :

– Olivier, ce n'est pas fini. Ce week-end, nous avons fait la première **couche** [Schicht]. Le week-end prochain, nous ferons la seconde !

– Ce n'est pas possible ! s'exclame Olivier.

Devant [Vor] le visage **désemparé** [ratlosen] d'Olivier, tout le monde **se met à rire** [beginnt zu lachen].

emménager
dans une maison
in ein Haus einziehen
pour
les peintures
für die Malerarbeiten
la peinture
Farbe
le pot de peinture
Farbtopf
l'échelle (f.)
Leiter
l'escabeau (m.)
Trittleiter
le pinceau
Pinsel
le rouleau
(Farb)Rolle

les pièces
Räume

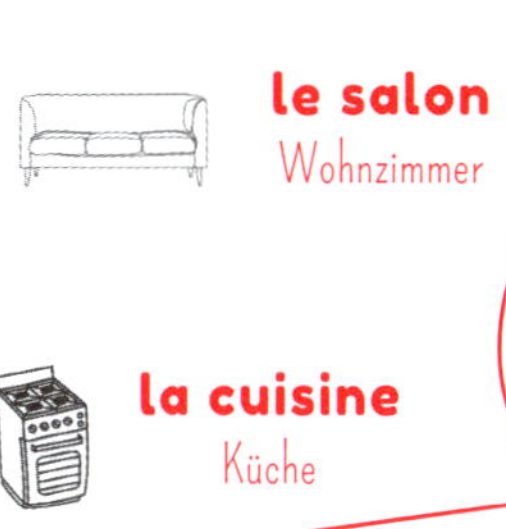

le salon
Wohnzimmer

le bureau
Arbeitszimmer

la cuisine
Küche

la salle à manger
Esszimmer

la chambre
Schlafzimmer

dans une pièce
in einem Raum

le plancher
Holzboden

le plafond
Decke

le carrelage
Fliesen

le sol
Boden

des prépositions de lieu
Ortspräpositionen

derrière
hinter

devant
vor

en face de
gegenüber

sur
auf

près de
in der Nähe von

sous
unter

à côté de
neben

au fond de
am Ende von

Souvenirs de vacances

Romain est très heureux. C'est la fin de l'école et le début des grandes **vacances** (Ferien). Demain, il part avec ses parents et son grand-père Maurice. Ils **se rendent** (fahren) sur la côte atlantique. À sept ans, Romain n'a jamais vu la mer. Il est **impatient** (ungeduldig) et pose des questions à Maurice avant d'**aller se coucher** (ins Bett gehen) :

- Papy, c'est comment la mer ?

- C'est comme le **lac** (See *(m.)*) Chambon, lui répond-il, mais beaucoup plus grand. À la mer, tu ne peux pas voir la **rive** (Ufer) qui est en face.

Romain et sa famille habitent Murol, une petite ville qui se trouve en Auvergne à côté du lac Chambon.

- Y a-t-il des **volcans** (Vulkane) là-bas ? lui demande-t-il.

- Non. Nous allons à La Baule où il n'y a pas de volcans ni de **montagnes** (Berge).

- Papy, est-ce que tu es déjà allé à la mer ?

- Oui, Romain. J'y suis allé plusieurs fois.

Maurice **se rappelle** (erinnert sich) la première fois où il a vu la mer. Il commence alors à **raconter** (erzählen) à son petit-fils :

– J'ai vu la mer pour la première fois quand j'avais vingt ans. J'étais déjà plus vieux que toi. Je **me souviens** (erinnere mich), c'était aussi à La Baule, il faisait très beau. Je marchais dans une rue et je regardais les belles villas et les **pins maritimes** (Strandkiefer). Tout à coup, j'ai vu l'eau bleue. C'était la mer ! Il y avait aussi des **bateaux** (Schiffe) qui **naviguaient** (fuhren) et des gens qui **se baignaient** (badeten). Et puis, j'ai vu une grande **plage** (Strand)...

– Il y a aussi une plage au lac Chambon, dit Romain.

– Oui, mais c'est une toute petite plage. À La Baule, la plage est **immense** (riesig). Je me rappelle que tout le monde était en **maillots de bain** (Badesachen). Sur le **sable** (Sand), il y avait des personnes qui **bronzaient** (sich sonnten). Les enfants jouaient avec **des seaux et des pelles** (Eimern und Schaufeln). Les **adolescents** (Jugentlichen) s'amusaient dans les **rouleaux** (*hier:* großen Wellen) ou faisaient du beach-volley...

– C'est quoi, les rouleaux ? demande Romain.

– Ce sont des **vagues** (Wellen), répond Maurice. Sur la côte atlantique, les vagues sont parfois gigantesques !

– Mais c'est dangereux ! s'exclame Romain.

– Oui, tu as raison. Il faut faire attention. Heureusement, à La Baule, les vagues ne sont pas trop grandes. Et c'est très **rigolo** (lustig) de s'amuser dans les vagues.

– Qu'est-ce que tu as fait quand tu as été pour la première fois à la mer ?

– Je me suis baigné. Mais je **n'étais pas rassuré** (war beunruhigt) parce que je ne savais pas bien **nager** (schwimmen). J'ai **bu la tasse** (Wasser verschluckt) plusieurs fois.

– Moi, j'ai appris à nager à la piscine ! répond fièrement Romain. Est-ce qu'il y a d'autres activités à la mer ?

– Oui, il y a beaucoup d'activités à faire. À **marée basse** (Ebbe), tu peux **pêcher** (angeln). Je me souviens que je **ramassais** (sammelte) des **coquillages** (Muscheln). Je cherchais aussi des **crabes** (Krebse) qui se cachaient sous les **rochers** (Felsen).

– Tu n'avais pas peur de leurs **pinces** (Scheren) ?

– Si ! Un crabe m'a **pincé** (gezwickt) une fois. J'ai eu très mal. Après, j'ai fait très attention.

- Qu'est-ce que tu faisais encore ? demande Romain qui est très intéressé par les paroles de son grand-père.

- En fin d'après-midi, j'allais acheter une glace à la vanille et à la fraise. C'était le meilleur moment de la journée.

- Moi aussi, j'adore les glaces ! Mon parfum préféré, c'est le caramel.

- Quand nous serons arrivés à La Baule, je t'en achèterai tous les jours.

springt vor Freude
Romain **saute de joie**. Sa maman arrête la conversation et dit :

- Romain, il est l'heure d'aller se coucher.

- Attends, maman. Je pose une dernière question à papy.

Il se tourne vers son grand-père.

- Papy, qu'est-ce que tu faisais le soir ?

kehrte zurück
- Je mangeais. Ensuite, je **retournais** sur la plage et je
Sonnenuntergang
regardais le **coucher de soleil** dans la mer. C'était très beau.

Le soleil devient rouge, les nuages deviennent roses et le ciel...

ist eingeschlafen
Mais Romain est très fatigué. Il **s'est endormi**. Il s'est couché lui aussi, avec de belles images dans la tête.

les vacances

Ferien; Urlaub

à la plage

am Strand

le seau et la pelle
Eimer und Schaufel

le coquillage
Muschel

le sable
Sand

bronzer
sich bräunen; sich sonnen

la crème solaire
Sonnencreme

se baigner
baden

le parasol
Sonnenschirm

le maillot de bain
Badehose; Badeanzug

nager
schwimmen

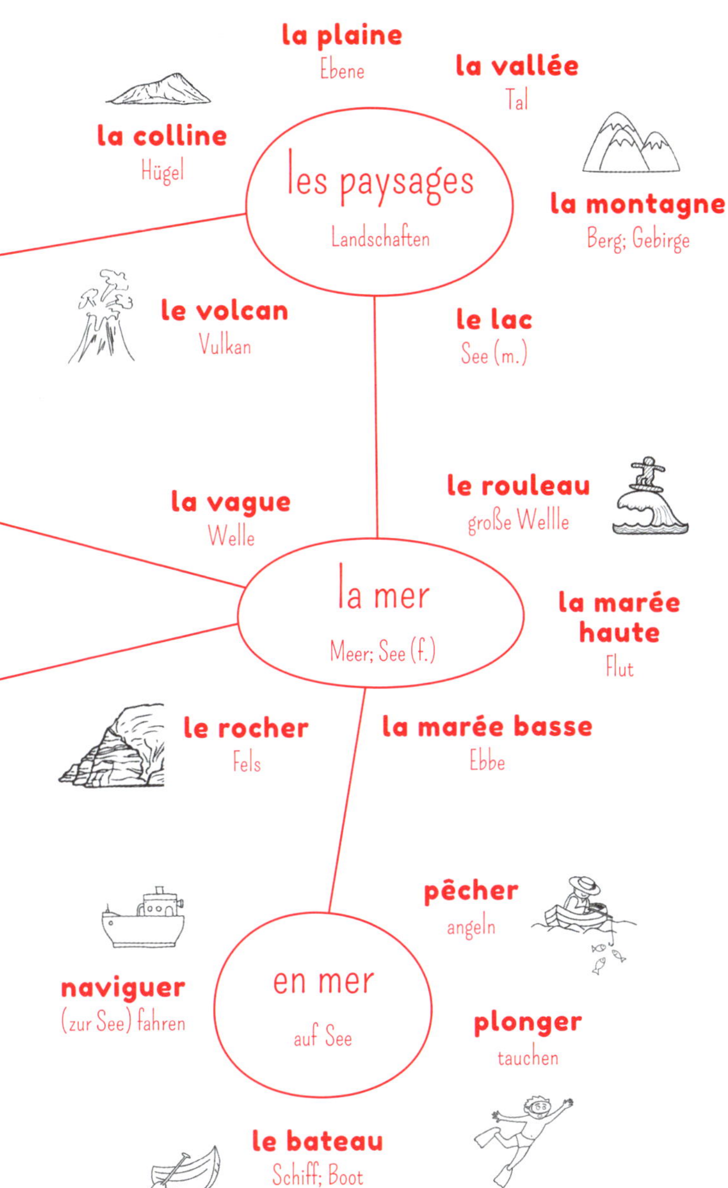

les paysages
Landschaften
la plaine
Ebene
la vallée
Tal
la colline
Hügel
la montagne
Berg; Gebirge
le volcan
Vulkan
le lac
See (m.)
la mer
Meer; See (f.)
la vague
Welle
le rouleau
große Wellle
la marée haute
Flut
le rocher
Fels
la marée basse
Ebbe
en mer
auf See
pêcher
angeln
naviguer
(zur See) fahren
plonger
tauchen
le bateau
Schiff; Boot

Le pari

Quand Guillaume arrive dans la cuisine pour prendre son petit déjeuner, sa fille Léa a déjà fini son jus d'orange. Il demande :

- Que fais-tu ?

- Je dois faire un **dossier** [Mappe] sur l'histoire de la ville de Lyon et je suis **en retard** [(zu) spät dran].

Soudain, une sonnerie **retentit** [ertönt]. Léa regarde son **smartphone** [Smartphone] et jette un coup d'œil sur son **écran** [Bildschirm]. Son père dit :

- Je suis fatigué de ces **téléphones portables** [Handys] qui sonnent tout le temps. Qui c'est ?

- C'est ma copine Elsa. Je fais le dossier avec elle.

- Elle va donc venir à la maison aujourd'hui ?

- Mais papa, elle n'a pas besoin. Avec Internet, on travaille **sans** [ohne sich] **se rendre visite** [(gegenseitig) zu besuchen].

- **Avant** [Früher], il n'y avait pas Internet. Pour faire un dossier avec un copain, j'allais chez lui et on travaillait **ensemble** [zusammen]. C'était plus sympathique !

- Mais avec Internet, on gagne du temps. C'est plus pratique !

- Tu gagnes du temps, mais tu as dit que tu étais en retard. Moi, j'ai toujours **rendu** (abgegeben) mes **devoirs** (Hausaufgaben) **à l'heure** (rechtzeitig).

- C'était **à ton époque** (zu deiner Zeit). **De nos jours** (Heutzutage), si tu n'**utilises** (nutzt) pas Internet, tu n'es pas moderne.

- Es-tu sûre ? Je **parie** (wette) que je peux faire le même travail que toi sans utiliser Internet.

- **Pari tenu !** (Die Wette gilt!) À la fin de la journée, on **compare** (vergleichen) notre travail et on regarde qui est **le plus efficace** (am effektivsten).

Guillaume est d'accord. Léa lui explique **ce qu'il faut faire** (was er tun soll) : écrire un texte sur l'histoire de la ville et prendre des photos de **lieux emblématiques** (symbolträchtige Orte).

- Quand j'étais étudiant, je faisais mes recherches à la bibliothèque. Et quand j'avais assez d'informations, j'écrivais **à la main** (händisch) mes textes.

- **Bon courage !** (Viel Erfolg!) Moi, je vais sur un **moteur de recherche** (Suchmaschine). Et comment vas-tu trouver les lieux à photographier ?

- Avant ta **naissance** (Geburt), on utilisait des cartes géographiques.

Ding gespeichert
- C'est un **truc** de vieux, se moque Léa. Elsa a **enregistré** tous les lieux dans son GPS. Elle prend des photos en ce moment.

notiert
- J'ai **noté** les lieux sur ma carte et je prends mon vieil appareil
analogen
photo **analogique**.

leiht aus
Guillaume part à la bibliothèque. Il **emprunte** des livres sur
ist gerade dabei
Lyon et revient à la maison. Léa **est en train** d'écrire sur son
Computer
ordinateur.

hat noch nicht gelesen
Guillaume **n'a pas encore lu** ses livres. Sans attendre, il part
zufällig
en ville pour prendre des photos. Il rencontre **par hasard** Elsa.

- Bonjour Elsa.

- Bonjour. Vous faites le même dossier que nous ?

- Comment le sais-tu ?

eine Nachricht geschickt
- Léa m'a **envoyé un message**.

- Je crois que je vais perdre ce pari. Tu prends des photos ?

danach werde … schicken
- Oui, et **après**, je les **enverrai** à Léa.

Guillaume aimait bien faire des photos. Il allait ensuite chez le
entwickeln lassen es brauchte Zeit
photographe pour les **faire développer**. Mais **ça prenait du**
digitalen
temps. C'est vrai que les photos **numériques**, c'est plus pratique.

De retour à la maison, Léa lui demande :

- Tu as fini ? Moi, j'ai déjà terminé mon texte.

Une heure **plus tard** (später), Guillaume a fini. Le père et la fille comparent leurs textes. Guillaume s'exclame :

- Ton texte est plein d'**erreurs** (Fehler) ! Tu es plus rapide, mais **ne copie pas** (schreib nicht ab) toutes les informations que tu trouves sur Internet. Les livres sont **plus fiables** (zuverlässiger).

- Tu as raison. Mais où sont tes photos ?

- Je dois les faire développer. Je les aurai **prochainement** (bald).

- Moi, j'attends la dernière photo sur ma **tablette** (Tablet). Tu devrais vivre avec ton temps, papa ! se moque Léa.

Soudain, on entend la **sonnette** (Klingel) de la porte d'entrée. C'est Elsa :

- La **batterie** (Akku) de mon smartphone est **épuisée** (leer). Je **me suis perdue** (habe mich verlaufen) en ville parce que je n'avais plus de GPS et je n'ai pas pu prendre toutes les photos…

- Ma méthode est **ancienne** (*hier:* altertümlich) et moins rapide, mais mes vieux livres et mes vieilles cartes **ne tombent jamais en panne** (fallen nie aus) au moins ! ajoute Guillaume **en riant** (und lacht).

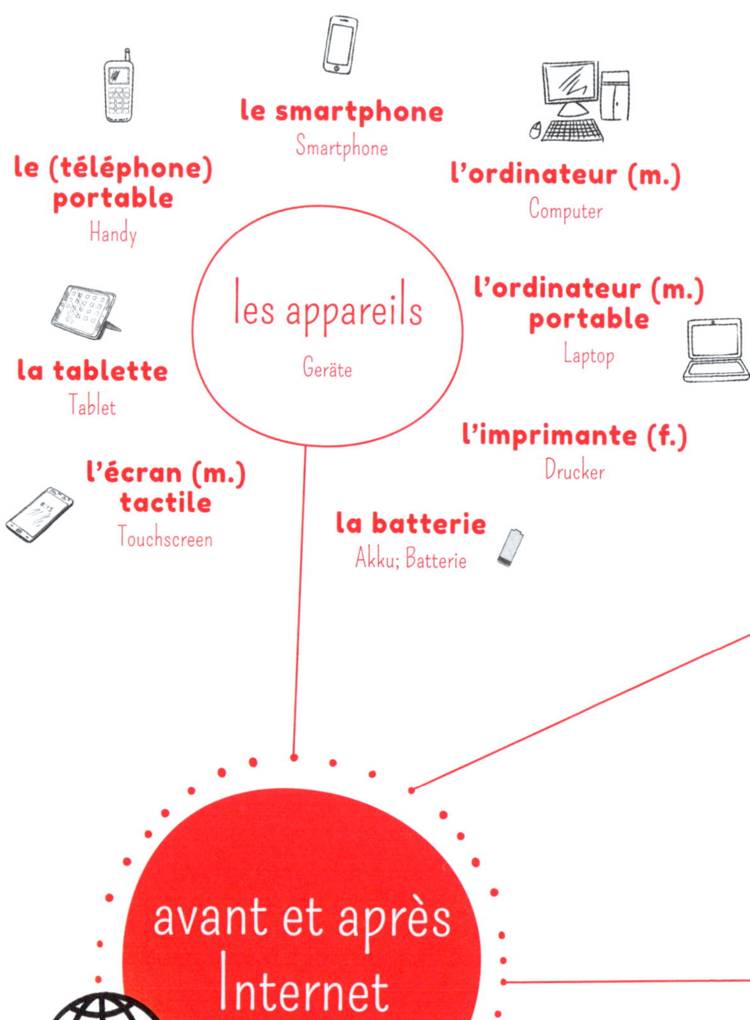
le smartphone
Smartphone
le (téléphone) portable
Handy
l'ordinateur (m.)
Computer
les appareils
Geräte
l'ordinateur (m.) portable
Laptop
la tablette
Tablet
l'imprimante (f.)
Drucker
l'écran (m.) tactile
Touchscreen
la batterie
Akku; Batterie
avant et après Internet
vor und nach Internet

avec les nouveaux médias
mit den neuen Medien

le site Internet
Internetseite

tomber en panne
ausfallen

le moteur de recherche
Suchmaschine

numérique
digital

envoyer un message
eine Nachricht schicken

enregistrer
speichern

télécharger
herunterladen

imprimer
drucken

hier, aujourd'hui, demain
gestern, heute, morgen

tôt
früh

après
später; dann; danach

plus tôt
früher

tard
spät

plus tard
später

de nos jours
heutzutage

prochainement
bald; demnächst

avant
früher; vorher

Pas de match sans échauffement

Les joueuses de volley-ball arrivent dans le **gymnase** (Turnhalle). Elles entrent dans les **vestiaires** (Umkleidekabinen) et mettent leur **tenue de sport** (Sportkleidung). Puis elles vont sur le **terrain** (Spielfeld). Les unes **installent** (bauen auf) le **filet** (Netz). Les autres **courent** (rennen) autour du terrain pour commencer à **s'échauffer** (sich aufwärmen). Leurs **adversaires** (innen) arrivent **petit à petit** (nach und nach). Caroline demande à Margaux, sa **co-équipière** (Mitspielerin) :

- Tu connais cette **équipe** (Mannschaft) ? Est-ce qu'elle est forte ?

- Oui, lui répond Margaux. C'est la meilleure équipe du **championnat** (Meisterschaft). Elles n'ont pas **perdu** (verloren) de **matchs** (Spiele) jusqu'à maintenant.

- Ce n'est pas comme nous ! Ça ne va pas être facile de **gagner** (gewinnen) parce que nous sommes les dernières.

- Non… Nous n'avons aucune chance.

Les deux amies arrêtent de courir. Caroline demande :

- On **s'entraîne** (trainieren) avec les **ballons** (Bällen) maintenant ?

– Non, pas encore. Nous devons bien nous échauffer avant, lui conseille Margaux.

– Ah non ! Je n'aime pas m'échauffer !

– C'est important si tu ne veux pas **te blesser** (dich verletzten). Je vais te montrer les mouvements que je fais d'habitude. Tu sais bien qu'il faut échauffer les **chevilles** (Knöchel) et les **genoux** (Knien) avant de jouer.

Margaux montre donc à Caroline quelques gestes. Elle n'est pas très motivée, mais **suit** (folgt) les bons **conseils** (Ratschlägen) de son amie.

Soudain, elles sont **interrompues** (unterbrochen) par une très grande fille. C'est une joueuse de l'**équipe adverse** (gegnerischen Mannschaft). Elle leur dit avec un rire **moqueur** (spöttisch) :

– Pourquoi **faites-vous tous ces efforts** (strengt ihr euch so an) ? Vous allez perdre !

– Si nous perdons, ce n'est pas grave, répond Caroline. L'important, c'est de passer un bon moment !

– Tout à fait, ajoute Margaux. Et nous faisons ces efforts pour ne pas être blessées. Et toi, tu ne t'échauffes pas avant le match ?

– Je n'ai pas besoin contre les dernières du championnat.

La fille rit et part. Margaux et Caroline continuent leur **échauffement** (Aufwärmen). Maintenant, elles tournent la **tête** (Kopf) de droite à gauche pour **s'étirer** (sich dehnen). Ensuite, elles font des mouvements avec leurs **mains** (Hände) pour échauffer les **poignets** (Handgelenke). Avant de prendre un ballon, Caroline **avoue à** (gesteht) Margaux :

– J'ai mal au **ventre** (Bauch).

– As-tu mangé avant de venir ici ? demande Margaux.

– Oui, un hamburger avec des frites et du soda...

– Tu es **folle** (verrückt) ? Il ne faut jamais manger une **nourriture riche** (reichhaltige Nahrung) avant un match ! Moi, je mange toujours après.

Caroline et Magaux **se font des passes** (passen einander zu) et **sautent** (springen) en même temps. Enfin, avec le reste de l'équipe, elles s'entraînent à **attaquer** (angreifen) et à **défendre** (verteidigen). L'**arbitre** (Schiedsrichter) arrive et annonce le début du match.

Les deux équipes sont maintenant sur le terrain. Au **coup de sifflet** (Anpfiff), Margaux commence la **partie** (Spiel) avec un joli **service** (Aufschlag), très puissant. Une joueuse adverse **récupère** (nimmt an) le ballon et le passe à la grande joueuse qui a parlé à Caroline et Margaux. Elle

schlägt
saute et **tape** fort dans le ballon. Elle marque le premier point
landet schlecht auf den Boden — verrenkt sich
de la rencontre. Mais elle **retombe mal** et **se tord** la cheville.
schreit
Elle s'est fait mal et **crie**. Elle doit sortir du terrain. Quand elle
fängt wieder an
va mieux, le match **reprend**, mais elle ne peut plus jouer. Son
équipe est triste parce que c'est la meilleure joueuse.

spannendes
Après une partie **captivante**, l'équipe de Caroline et de
Margaux gagne.

Umtrunk
Après le match, les joueuses prennent un **verre de l'amitié**.
nähert sich
Caroline **s'approche de** la fille blessée et lui demande :

- Comment vas-tu ?

Verstauchung
- La cheville me fait encore mal. C'est une **entorse**. Mais je vais
Leider
mieux. **Hélas**, je ne vais pas pouvoir jouer pendant plusieurs
semaines. Ce n'est vraiment pas de chance !

schaltet sich ein
Margaux **intervient** :

Fehler
- Tu ne voulais pas t'échauffer, et tu paies cher cette **erreur**.

Lektion
- Tu as raison. J'ai été trop arrogante. C'est la **leçon** de ce
match !

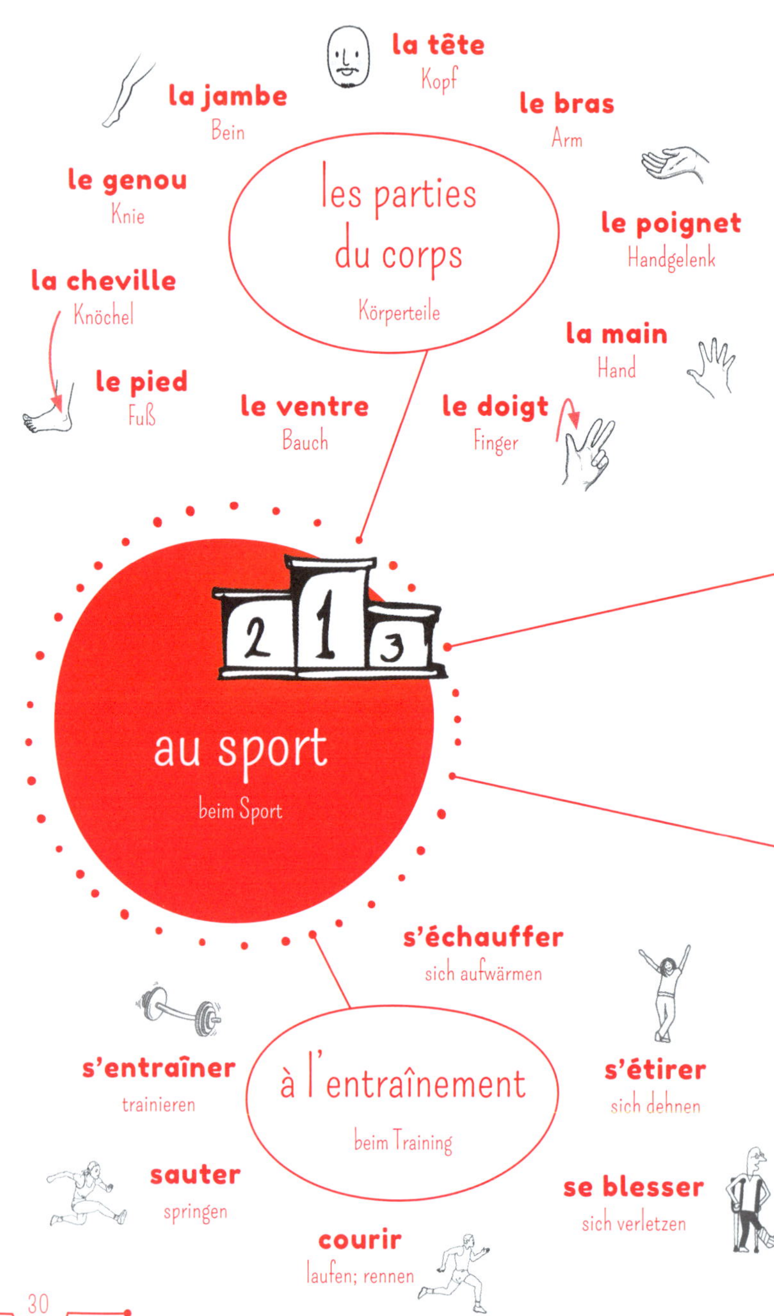
la tête
Kopf
la jambe
Bein
le bras
Arm
le genou
Knie
les parties du corps
Körperteile
le poignet
Handgelenk
la cheville
Knöchel
la main
Hand
le pied
Fuß
le ventre
Bauch
le doigt
Finger
2
1
3
au sport
beim Sport
s'échauffer
sich aufwärmen
s'entraîner
trainieren
à l'entraînement
beim Training
s'étirer
sich dehnen
sauter
springen
se blesser
sich verletzen
courir
laufen; rennen

la tenue de sport
Sportkleidung

le vestiaire
Umkleidekabine

les baskets (f. pl.)
Turnschuhe

le terrain
Spielfeld

pour le sport
für den Sport

le filet
Netz

le gymnase
Turnhalle

la balle
(kleiner) Ball

le ballon
(großer) Ball

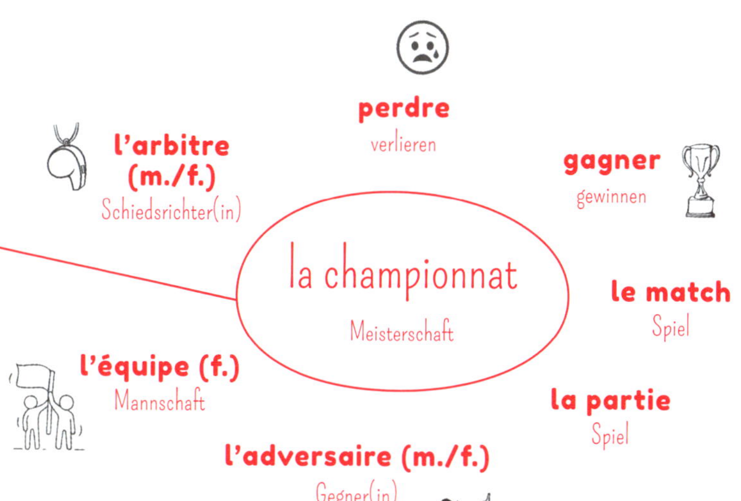

perdre
verlieren

l'arbitre (m./f.)
Schiedsrichter(in)

gagner
gewinnen

la championnat
Meisterschaft

le match
Spiel

l'équipe (f.)
Mannschaft

la partie
Spiel

l'adversaire (m./f.)
Gegner(in)

Une nuit agitée

Pauline et Jérôme se réveillent **brutalement** (plötzlich) au milieu de la nuit. Leur fille, Élisa, **est en train de pleurer** (weint gerade). Ils vont vite dans sa chambre. Pauline demande à sa fille pourquoi elle pleure, mais Élisa ne peut pas parler. Jérôme s'approche du lit et met sa main sur le **front** (Stirn) de sa fille. Il est très chaud. Il dit à son **épouse** (Gattin) :

– Je crois qu'elle **a de la fièvre** (hat Fieber). Va chercher le **thermomètre** (Fieberthermometer) dans l'**armoire à pharmacie** (Apothekerschrank), s'il te plaît.

Pauline y va, puis revient avec le thermomètre. Elle **prend la température** (misst das Fieber) d'Élisa et annonce à Jérôme :

– 39,5 °C. Elle est très **élevée** (erhöht). Que faisons-nous ?

Pauline est **inquiète** (beunruhigt) et Jérôme **ne** veut **pas prendre de risque** (kein Risiko eingehen). Il décide d'appeler le **médecin de nuit** (Bereitschaftsarzt). Le téléphone sonne un moment, puis le médecin répond. Il demande :

– Quel âge à votre fille ?

– Trois ans, répond Jérôme.

- A-t-elle de la fièvre ?

- Oui, 39,5 °C.

dass es irgendwo wehtut
- Dit-elle **qu'elle a mal quelque part** ?

- Non, mais elle pleure beaucoup.

Hat sie einen Ausschlag?
- **A-t-elle des boutons ?**

Pauline prend Élisa sur ses genoux et lui enlève le pyjama. Elle
stellt fest
constate qu'elle n'a rien. Jérôme répond au médecin :

- Non, elle n'en a pas.

Hustet ist sie erkältet
- **Tousse**-t-elle ou **est-elle enrhumée** ? demande à nouveau le docteur.

- Elle était un peu enrhumée hier, mais elle ne toussait pas.

dicken Decke
- Dort-elle avec un pyjama **épais** et sous une grosse **couette** ?

- Oui. Nous avons toujours peur qu'elle ait froid.

Machen Sie sich keine Sorgen
- Merci pour vos réponses. **Ne vous inquiétez pas**, ce n'est
zugedeckt
rien. Mais votre fille est trop **couverte** ! Voilà ce qu'il faut
Nehmen Sie ... weg
faire : **enlevez** sa couette, mettez à votre fille un pyjama d'été
Medikament
et donnez-lui un **médicament** contre la fièvre pour qu'elle se sente mieux. Enfin, reprenez sa température dans une heure. Si

elle est toujours à 39,5 °C, rappelez-moi.

Pauline et Jérôme **obéissent** (gehorchen) au médecin. Élisa est calme maintenant. Ils lui donnent le médicament.

Une heure plus tard, ils sont **rassurés** (beruhigt) parce que leur fille **dort à poings fermés** (tief und fest schläft). Ils s'approchent **doucement** (leise) d'elle et prennent sa température sans la réveiller. Jérôme **murmure** (flüstert) :

– 37,2 °C. Tout va bien.

Cette nouvelle **soulage** (erleichtert) Pauline. Le lendemain, Élisa est très enrhumée et tousse un peu. Pauline et Jérôme appellent leur **généraliste** (Hausarzt). Ils ont un rendez-vous dans l'après-midi, à seize heures. Élisa est fatiguée. Son **nez coule** (Nase läuft) tout le temps. Heureusement, la fièvre ne revient pas.

Dans le **cabinet médical** (Arztpraxis), la petite famille attend longtemps dans la **salle d'attente** (Wartezimmer). Le médecin les appelle à dix-sept heures. Il a une heure de retard ! Lors de la **consultation** (Untersuchung), il **ausculte** (untersucht) Élisa avec un **stéthoscope** (Stethoskop). Il écoute ses **poumons** (Lunge), mais il n'y a rien d'anormal. Puis il **examine** (schaut an) ses oreilles, ses yeux et sa **langue** (Zunge). Enfin, il prend sa température.

– Élisa a un simple **rhume** (Schnupfen). Ce n'est pas grave. Lavez-lui le nez régulièrement avec un **remède** (Arzneimittel) à l'eau de mer. Donnez-lui aussi quelque chose contre la fièvre si elle en a encore. Dans quelques jours, elle ira mieux.

Le médecin remplit une **ordonnance** (Rezept). Pauline et Jérôme vont immédiatement à la pharmacie pour acheter les médicaments notés sur l'ordonnance.

À la maison, Pauline lave le nez d'Élisa. La petite fille **éternue** (niest).

Jérôme dit à Pauline qui le regarde d'un air étonné :

– J'espère que tu ne vas pas **tomber malade** (krank werden) à ton tour !

Deux jours plus tard, Élisa **a recouvré la santé** (ist wieder gesund). Elle **ne se mouche plus** (putzt sich nicht mehr die Nase) et court partout dans la maison. Jérôme la regarde et **résume** (fasst zusammen) la situation :

– Elle est **à nouveau en pleine forme** (wieder fit) !

Soudain, Pauline éternue, puis avoue à son mari :

– Jérôme, je suis très fatiguée et j'**ai mal à la tête** (habe Kopfschmerzen)...

– Ah non ! Je crois qu'Élisa t'a donné son virus... Veux-tu **prendre** (einnehmen) quelque chose ?

– Non, merci. Je préfère aller **me coucher** (ins Bett gehen). Bonne nuit !

être malade

krank sein

le/la médecin de nuit
Bereitschaftsarzt(-ärztin)

les médecins

Ärzte

le/la pédiatre
Kinderarzt(-ärztin)

le/la généraliste
Hausarzt(-ärztin)

le/la dentiste
Zahnarzt(-ärztin)

la salle d'attente
Wartezimmer

examiner
untersuchen;anschauen

dans le cabinet médical

in der Arztpraxis

ausculter
abhören

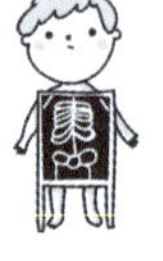

la consultation
Untersuchung

le stéthoscope
Stethoskop

la toux
Husten

avoir de la fièvre
Fieber haben

avoir des boutons
einen Ausschlag haben

avoir mal à la tête
Kopfschmerzen haben

les symptomes
Symptome

tousser
husten

être enrhumé(e)
erkältet sein

éternuer
niesen

le nez coule
die Nase läuft

le rhume
Schnupfen; Erkältung

le vaccin
Impfung

l'ordonnance (f.)
(Arzt)Rezept

le traitement
Behandlung

le médicament
Medikament

le remède
Arzneimittel;
Medikament

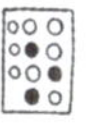

le comprimé
Tablette

6 La lettre au Père Noël

Alexis est étudiant à Metz. Il veut travailler pendant les vacances
Weihnachten Wunsch
de **Noël**. Il a parlé de son **souhait** à sa famille et à ses amis. Ce
ist auf der Suche nach einer Arbeitsstelle
matin, il **fait des recherches d'emploi** sur Internet quand
son téléphone sonne.

- Allô ? répond-il.

- Oui, bonjour Alexis, c'est oncle Bernard ! Tu vas bien ? demande-t-il.

- Oui oui, ça va bien, je te remercie. Toi aussi ?

- Je vais bien, merci. Je t'appelle pour savoir si tu cherches toujours un travail pour les vacances de Noël ?

Stellenanzeigen
- Oui, je regarde les **annonces** sur Internet en ce moment, ajoute-t-il.

- Très bien, j'ai peut-être quelque chose pour toi. C'est le meilleur
Spielzeuggeschäft
travail pour Noël ! J'ai un ami qui est directeur d'un **magasin de**
Weihnachtsmann
jouets dans le centre-ville de Metz. Et il cherche un **Père Noël**
sofort
motivé qui aime le contact avec les enfants ! Alors, j'ai **tout de**

suite pensé à toi, si ça t'intéresse bien sûr ? propose Bernard.

Leidenschaft freut sich
- Mais oui ! Tu connais ma **passion** pour les enfants ! **se réjouit**

Alexis.

in seinem
L'étudiant note le contact et remercie son oncle. Il appelle **de sa**
Namen
part et il a rendez-vous le lendemain à seize heures trente.

sich bewerben
Lorsqu'il se présente, ils sont cinq à **postuler**. Une femme
empfängt einen nach dem anderen
reçoit les candidats **un par un** dans son bureau. Alexis passe
als allerletzter Rede
en tout dernier. Il fait un **discours** qui ne manque pas de
Superlative
superlatifs pour avoir le job !

- J'adore les enfants. Je travaille tous les étés avec eux et
Grundschullehrer
je voudrais devenir **professeur des écoles** ! C'est une
erleben
expérience que j'aimerais vraiment **vivre** : je serai un Père Noël
sagt er abschließend
génial ! **conclue**-t-il.

- C'est bien, vous êtes motivé ! Et vous êtes le meilleur candidat. En
empfohlen
plus, vous avez été **recommandé** par Monsieur Toupie, le directeur
du magasin. Alors le travail est pour vous ! le félicite la femme.

Le soir, Alexis rentre chez lui et retrouve Anita, sa petite amie.

deinen Traumjob
- Alors, tu as trouvé **le travail de tes rêves** ? demande-t-elle.

– Oui ! dit-il en souriant. Si tu savais comme je suis heureux. Ça va être génial de faire le Père Noël pendant dix jours dans un magasin de jouets. Je vais pouvoir **m'amuser** (Spaß haben) avec les enfants dans mes beaux **habits** (Kleidung) rouges !

– Trop bien, répond-elle, heureuse de voir Alexis **enthousiaste** (begeistert).

– Nous étions cinq à vouloir le **poste** (Stelle) mais j'étais le meilleur candidat ! C'est aussi **grâce à** (dank) mon oncle Bernard qui a parlé de moi au chef du magasin. Je vais lui écrire après le repas pour le **remercier** (zu danken), ajoute Alexis.

Après le dîner, Alexis écrit un **courriel** (E-Mail) à son oncle sur son ordinateur.

Cher Bernard,

Je te remercie **du fond du cœur** (von Herzen) *pour ton aide car le travail est pour moi ! J'attends ta* **lettre au Père Noël** (Brief an den Weihnachtsmann) *pour t'offrir plein de* **cadeaux** (Geschenke)*, si tu as été* **sage** (brav) *cette année bien sûr !*

Bien à toi,

Père Noël Alexis

Il envoie le message et rejoint Anita dans la chambre. Il commence à lire un livre, **allongé** (liegend) dans le lit. Il **a envie de dormir** (möchte schlafen) mais il **continue la lecture** (liest weiter).

Cher Père Noël,

Tu es très beau dans tes habits rouges. Ta **barbe blanche** (weißer Bart) *te va si bien.*

Tu es très ***généreux*** (großzügig)*. Tous les enfants* ***autour de toi*** (um dich herum) *sont heureux !*

J'ai été très sage cette année et je voudrais avoir les plus gros cadeaux. Je souhaiterais des jouets en bois sous le ***sapin*** (Tannenbaum), une ***maison de poupée*** (Puppenhaus) *et la plus belle des…*

- Mais qu'est-ce que tu racontes ? lui demande Anita.

Alexis ouvre les yeux.

- Quoi ? Euh rien, pourquoi ?

- Tu t'es endormi et tu as parlé dans ton **sommeil** (Schlaf) ! ajoute-t-elle en riant. Et tu étais le plus beau de tous les Pères Noël !

Alexis lui sourit et ajoute :

- Oh là là, je suis fatigué ! Mais, c'est la **preuve** (Beweis) que je dois faire le Père Noêl cette année !

Noël

Weihnachten

le Père Noël et la légende

Weihnachtsmann und die Legende

la barbe blanche
weißer Bart

la botte
Stiefel

la lettre au Père Noël
Brief an den Weihnachtsmann/ Wunschzettel

le renne
Rentier

le traîneau
Schlitten

la hotte / le sac du Père Noël
Sack des Weihnachtsmanns

avant la fête
vor dem Fest

la guirlande lumineuse
Lichterkette

les préparatifs (m. pl.)
Vorbereitungen

la décoration de Noël
(Weihnachts)Dekoration

le calendrier de l'Avent
Adventskalender

le marché de Noël
Weihnachtsmarkt

la fête de Noël
Weihnachtsfest

Joyeux Noël !
Frohe Weihnachten!

le réveillon
Heiligabend

le cadeau (de Noël)
(Weihnachts)Geschenk

la crèche
Krippe

le sapin (de Noël)
Tannenbaum; Weihnachtsbaum

le santon
Krippenfigur

la bûche (de Noël)
Weihnachtsbaumstamm *(Kuchen)*

la messe de minuit
Mitternachtsmesse

Une histoire de prix Nobel

Comme tous les samedis matin, Thomas **prépare** (bereitet zu) le déjeuner dans la cuisine.

Sa fille Joséphine, neuf ans, vient le voir.

- Qu'est-ce que tu prépares de bon, papa ? demande-t-elle.

- Je **cuisine** (koche) une recette de **poulet au curry** (Hähnchen-Curry), répond Thomas en tenant une **casserole** (Kochtopf) dans sa main.

- Au curry ? Comme le **prix Nobel** (Nobelpreis) ? dit-elle en souriant.

- Le prix Nobel ?

- Oui, je l'ai appris dans un livre en histoire. C'est une dame qui s'appelle Marie Curie. Elle a eu le prix Nobel et je connais **plein de choses** (vieles) sur sa vie.

- Ah oui ? Bien sûr, Marie Curie était une femme de **science** (Wissenschaft) mais **ça n'a rien à voir** (das hat nichts zu tun) avec le curry de la cuisine, ma belle !

- Mais je sais, papa, c'était une **blague** (Witz). Tu veux que je te raconte son histoire ? demande Joséphine.

- Je veux bien, oui ! Je **ne connais pas grand-chose** (kenne nicht besonders viel) de cette femme, **avoue** (gibt zu) Thomas. Il a encore le sel et le poivre dans les mains.

Joséphine **s'asseoit** (setzt sich) sur une chaise.

Elle raconte l'histoire à son père qui prépare toujours son poulet.

- **Tout d'abord** (Zunächst), Marie Curie est née en Pologne en 1867. La vie n'était pas facile pour elle, mais elle travaillait beaucoup à l'**école** (Schule). Elle était très intelligente. Elle **a fait des études** (hat studiert) et a même eu une **médaille d'or** (Goldmedaille) pour ses **études** (Forschungsarbeiten) !

Joséphine continue l'histoire **avec passion** (mit Leidenschaft).

- Ensuite, elle a **rejoint** (trifft sie ... wieder) sa sœur qui faisait ses études de médecine à Paris. Là, elle a rencontré Pierre Curie, un **chercheur** (Forscher) français. Il deviendra son mari. Et elle sera la première femme à **enseigner** (lehren) à la Sorbonne !

- Ah oui ? Je ne savais pas, dit son père.

- Puis, avec son mari, elle va découvrir la **radioactivité** (Radioaktivität) avec le polonium puis le radium, continue Joséphine.

Thomas **arrête** (hört auf) de cuisiner et sourit à sa fille.

- C'est très intéressant... Le polonium **en hommage à** (zu Ehren von) son pays

Radieschen
de naissance la Pologne ? Et le radium, en hommage aux **radis** ?

scherzend
dit-il **en plaisantant**.

witzig
- Très **drôle**, papa, sourit Joséphine. Non, le radium pour
die Krebszellen zu bekämpfen
combattre les cellules cancéreuses. Ils ont même eu un
premier prix Nobel en 1903 et un deuxième prix Nobel en 1911 !

- Non ! Deux prix Nobel ? C'est incroyable ! ajoute Thomas.

Erster Weltkrieg
- Mais ce n'est pas tout ! Après, c'est la **Première Guerre**
mondiale. Grâce aux travaux de Marie Curie, les médecins
Röntgenbilder werden heilen
feront des **radiographies** sur les malades. Ils **soigneront** un
Verletzte
million de **blessés** !

außergewöhnliche
- Quelle femme **extraordinaire**, commente Thomas en coupant
des tomates.

Ehrenlegion
- Et à la fin de la guerre, elle n'a même pas voulu de la **légion**
lebte für Volk
d'honneur. Elle **était dévouée à** la science et au **peuple**,
ajoute Joséphine.

- C'est une très belle histoire, ma chérie. C'est bien que les enfants apprennent cela à l'école.

- Je suis d'accord avec toi, papa ! Plus tard, on ouvrira un

institut (Institut) et une **université** (Universität) qui porteront leur nom : Pierre et Marie Curie. Tu sais que leur fille aura aussi le prix Nobel ?

- Non ? Cette famille est vraiment incroyable ! Et moi, j'ai fini ma recette, dit Thomas. Il **met** (schiebt) alors le poulet dans le **four** (Ofen).

Une heure plus tard, il appelle sa femme, Nathalie, pour déjeuner. Ils s'asseoient autour de la table.

- Et voilà le **délicieux** (köstliche) poulet au curry ! dit Thomas en servant le **plat** (Gericht).

- Il sent vraiment très bon, **félicite** (lobt) Nathalie.

- Merci ! Et en plus, grâce à Joséphine, j'ai appris plein de choses sur Pierre et Marie Curie ! Elle connaît très bien leur histoire. Et c'est une histoire vraiment **passionnante** (faszinierend), ajoute-t-il.

La jeune fille a un sourire **de satisfaction** (zufriedenes). La petite famille commence à manger, puis Joséphine se lève. Trente secondes plus tard, une médaille dans la main, Joséphine **annonce** (kündigt an) :

« Thomas Curry, je vous **décerne** (verleihe) le prix Nobel de cuisine pour votre recette de poulet ! »

l'histoire (f.)
Geschichte

la biologie
Biologie

la géographie
Geographie

quelques domaines

einige Bereiche

la physique
Physik

les sciences sociales
Sozialwissenschaften

la psychologie
Psychologie

la chimie
Chemie

les mathématiques (f. pl.)
Mathematik

l'économie (f.)
Wirtschaft(swissenschaften)

la science

Wissenschaft

le chercheur, la chercheuse
Forscher(in)

l'ingénieur (m./f.)
Ingenieur(in)

les métiers
Berufe

le/la docteur
Arzt, Ärztin

le/la scientifique
Wissenschaftler(in)

le/la professeur
Professor(in)

le laboratoire
Labor

les lieux
Orte

l'institut (m.)
Institut

l'université (f.)
Universität

le bureau d'étude
Forschungsbüro

la découverte
Entdeckung

le prix Nobel
Nobelpreis

la recherche
Forschung

l'étude (f.)
Studie, Forschungsarbeit

l'invention (f.)
Erfindung

le brevet
Patent

l'innovation (f.)
Innovation

Un travail pas comme les autres

Ce soir, Vanessa et Grégoire sont invités chez leurs voisins. Ils sont nouveaux dans le **quartier** (Viertel). Ils **feront la connaissance** (werden kennenlernen) des personnes qui habitent près de leur **maison** (Haus). Ils sonnent et Cathy ouvre la porte.

- Bienvenue chez nous ! dit la femme **chaleureusement** (herzlich).

Le couple retrouve **une dizaine de** (ca. zehn) personnes dans le jardin de Cathy et Michel. Après les **salutations** (Begrüßungen), toute le monde discute, mange et boit un verre pendant l'**apéritif dînatoire** (Aperitif mit Buffet).

François, un homme de soixante ans, demande au couple :

- Je crois que vous êtes les nouveaux voisins ?

- Oui, nous rêvions de vivre dans le quartier. Il est très agréable et **tout près** (ganz in der Nähe) des **parcs** (Parks) de la ville. On peut aller facilement au travail. Nous avons de la chance, ajoute Grégoire.

- Vous travaillez dans quel **domaine** (Bereich) ?

- Moi, je travaille à la **mairie** (Rathaus), répond Vanessa.

- Et moi, je suis musicien, je joue de la guitare, ajoute Grégoire.

- Ah c'est bien. Vous êtes professeur de guitare ? demande François.

- Je fais plusieurs **métiers** (Berufe) avec la musique, dit-il en souriant. Quand je suis professeur, mes cours **ont lieu** (finden statt) chez les élèves. Je vais chez eux avec ma guitare et mon **pupitre** (Notenständer).

- Des **cours à domicile** (Privatunterricht) ? Vous m'apprendrez ? Ou je suis trop vieux pour jouer ? **plaisante** (scherzt) le vieil homme.

- Vous ne serez pas le seul, sourit Vanessa. Ma maman aura soixante-douze ans en décembre... et c'est une des élèves de Grégoire !

- Il n'y a pas d'**âge** (Alter) pour cet instrument ! ajoute le **guitariste** (Gitarrenspieler). J'ai des enfants de sept ans et des **adultes** (Erwachsene) qui ont plus de quatre-vingts ans. Alors, tout est possible ! Il faut jouer les chansons que l'on aime, et bien sûr être motivé !

Gwendoline, une jeune femme, **se joint** (schließt sich an) à la conversation et ajoute :

- J'apprends que nous avons un professeur de guitare dans notre **rue** (Straße) ?

- Oui, **tout à fait** (genau) ! répond Grégoire.

- C'est **marrant** (witzig) ! Je suis chanteuse et je donne des cours

Hauptberuf
aussi ! C'est votre **activité principale** ? ajoute-t-elle.

– Je donne vingt heures de cours par semaine environ. Mais je
Komponist
suis également **compositeur**.

– Ah oui ? Et de quel style de musique ? demande François.

– Je compose des chansons folk.

begabt berühmt
– Il est très **doué**. Il sera **célèbre** un jour, ajoute Vanessa,
Liebsten
première fan de son **amoureux**.

– Et vous faites des concerts ? demande Gwendoline.

Konzertsäle
– Oui, je joue dans des bars ou dans des **salles de spectacles**.
Mais je ferai plus de concerts quand j'aurai un manager.

Lebensgefährten
– Un manager ? Mais c'est le métier de mon **compagnon**, Quentin !
Il n'est pas là ce soir, mais je lui en parlerai, ajoute Gwendoline.

– Mais avec plaisir, oui ! se réjouit Grégoire.

Künstler Vorprogramme
– Il cherche souvent des **artistes** pour les **premières parties**
Bühne
de chanteurs célèbres. Il aimerait que je chante sur **scène** mais
Band
je n'ai pas de **groupe**.

– Alors tu pourrais chanter avec moi, pour essayer ? propose
duzt
Grégoire et **tutoie** directement sa voisine.

La discussion s'arrête. Michel, le mari de Cathy, rentre de sa journée de travail. Elle **fait les présentations** (stellt vor) :

- Michel, voici un guitariste, notre nouveau voisin Grégoire. Et Gwendoline, la chanteuse du **lotissement** (Wohngebiets) que tu connais déjà ! Vous ferez bien un petit concert ce soir tous les trois ? demande Cathy.

L'ensemble des invités **approuve** (stimmt zu) cette idée.

- Michel **jouera des percussions** (wird trommeln) avec vous. Il prend des cours depuis dix ans et il **a le rythme dans la peau** (hat den Rhythmus im Blut) ! Il me dit souvent qu'il veut jouer avec un groupe... c'est le moment ! dit Cathy à son nouveau voisin.

Grégoire va chercher sa guitare et revient dix minutes plus tard. La soirée continue et le concert **improvisé** (spontanes) dure jusqu'à une heure du matin !

Après six mois de **répétition** (Proben), le trio jouera les compositions de Grégoire. Ils travailleront avec Quentin, le compagnon de Gwendoline qui est manager. Et ils feront même la première partie du concert de Sting. Voici le début d'une belle **carrière musicale** (Musikkarriere) entre voisins !

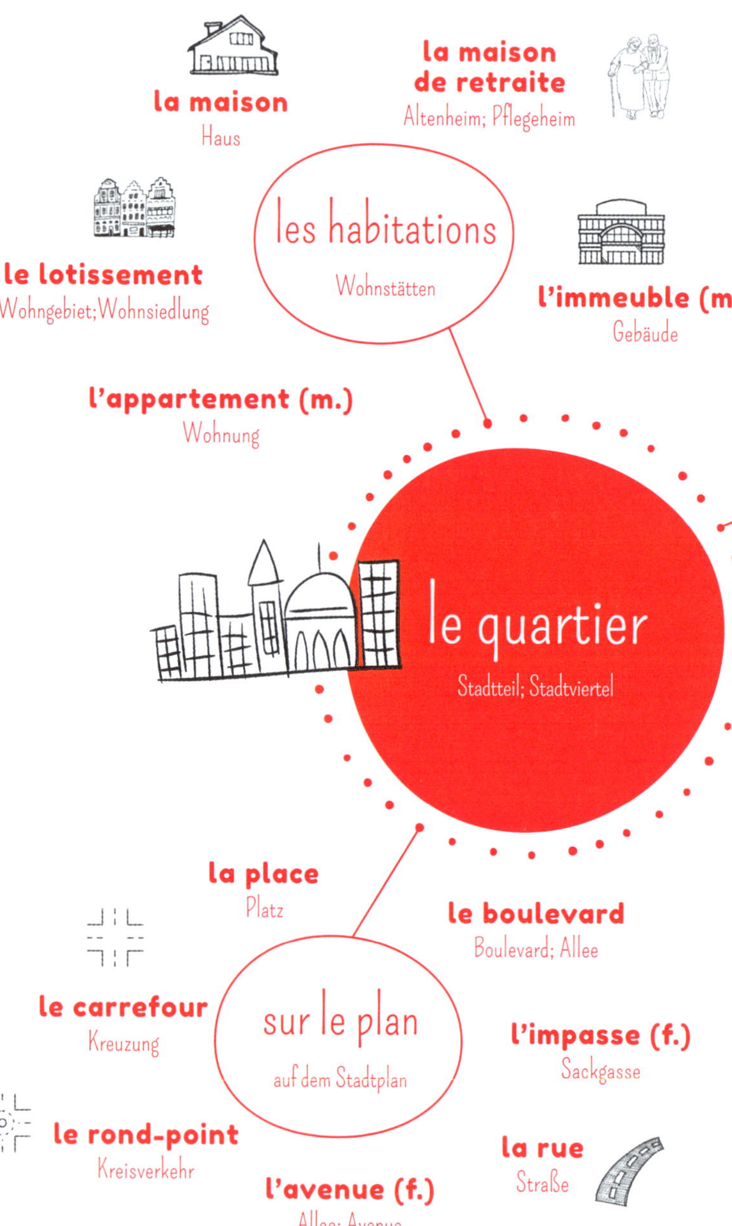
la maison
Haus
la maison de retraite
Altenheim; Pflegeheim
les habitations
Wohnstätten
le lotissement
Wohngebiet; Wohnsiedlung
l'immeuble (m.)
Gebäude
l'appartement (m.)
Wohnung
le quartier
Stadtteil; Stadtviertel
la place
Platz
le boulevard
Boulevard; Allee
le carrefour
Kreuzung
sur le plan
auf dem Stadtplan
l'impasse (f.)
Sackgasse
le rond-point
Kreisverkehr
la rue
Straße
l'avenue (f.)
Allee; Avenue

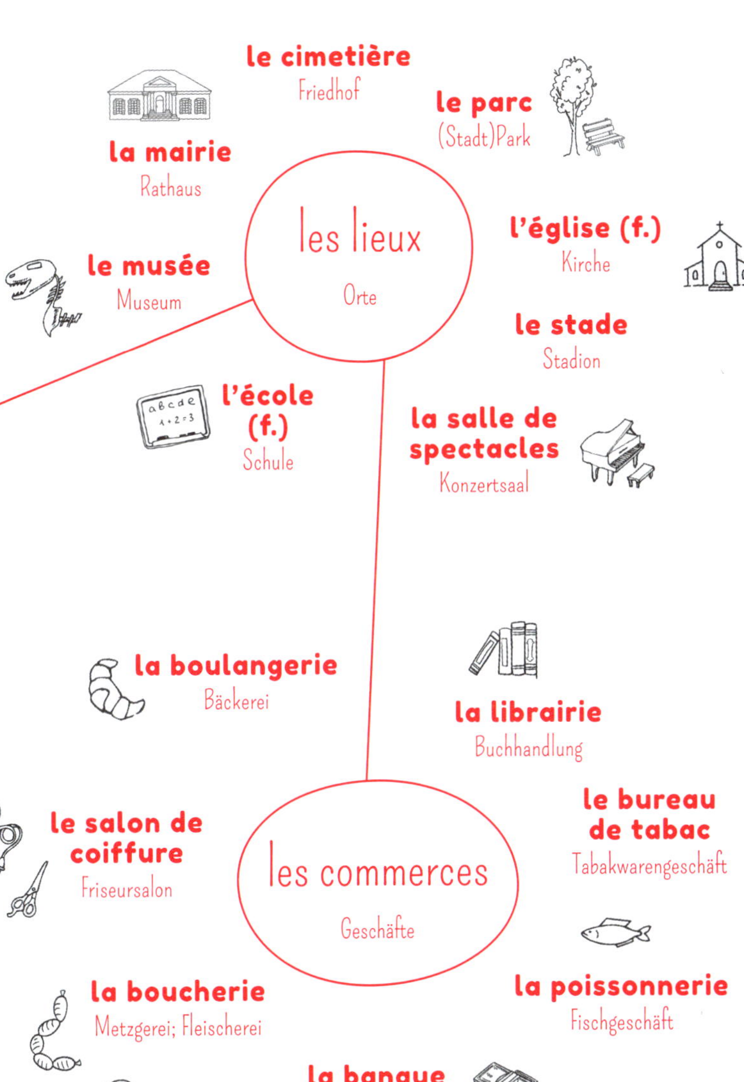
les lieux
Orte
le cimetière
Friedhof
le parc
(Stadt)Park
la mairie
Rathaus
l'église (f.)
Kirche
le musée
Museum
le stade
Stadion
l'école (f.)
Schule
la salle de spectacles
Konzertsaal
abcde
1+2=3
la boulangerie
Bäckerei
la librairie
Buchhandlung
les commerces
Geschäfte
le bureau de tabac
Tabakwarengeschäft
le salon de coiffure
Friseursalon
la boucherie
Metzgerei; Fleischerei
la poissonnerie
Fischgeschäft
la banque
Bank

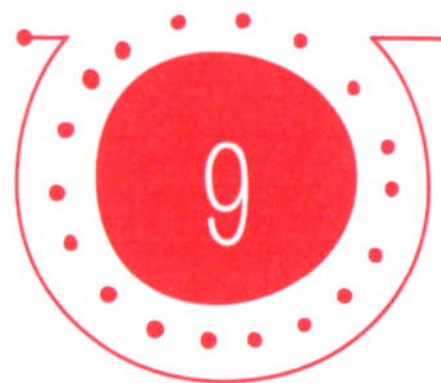

Cinq enfants pour un anniversaire

Lydie pose des **crayons de couleur** (Buntstifte) et des **cartes d'invitation** (Einladungskarten) sur la table. Elle regarde sa **montre** (Uhr).

– Sasha, je voudrais parler de ton **anniversaire** (Geburtstag). Tu viens, s'il te plaît ? demande-t-elle à son fils.

Sasha sort de sa chambre. Il va voir sa maman qui est dans le salon de leur appartement.

– Mais maman, j'**étais en train de** (war gerade dabei)...

– Non Sasha, je sais... Moi, j'ai beaucoup de choses à faire ce matin. C'est bientôt ton anniversaire et je veux que tu **préviennes** (Bescheid gibst) tes **amis** (Freunden).

– Oui maman. Mais **justement** (eben (deswegen)), je voulais te dire que...

– Allez ! Tu dois écrire les prénoms de tes amis sur ces cartes d'invitation. Je **suppose** (nehme an) que tu vas inviter Charlie ?

– C'est mon meilleur ami, alors oui, répond-il avec un sourire. Je voudrais qu'il soit là pour mon anniversaire. Il y a aussi Gustave avec Zélie et Constance, nos meilleures **copines** (Freundinnen).

- Très bien. Alors, nous allons écrire un mot sur ses cartes. Après, **il te reste** (es bleibt dir übrig) une seule invitation. Tu sais que tu peux inviter cinq amis au total, **prévient** (warnt) Lydie.

- Mais... c'est tout ? Ce n'est pas beaucoup. Je ne pourrais pas **au moins** (wenigstens)...

Une nouvelle fois, sa maman ne laisse pas parler Sasha.

- Je sais, mon chéri. Mais si nous habitions dans un appartement plus grand, tu pourrais inviter plus de **camarades** (Klassenkameraden), même toute ta classe ! Tu as une idée pour ton cinquième et dernier **invité** (Gast) ?

- Oui, mais avec Antonin, j'ai vu que...

- Oui, oui. Antonin a une grande maison, je sais. Il est né le même jour que toi. On peut lui demander de venir aussi, si tu veux ?

- Mais justement, je voulais te dire pour Antonin...

Soudain, un **gros sifflement** (lautes Pfeifen) se fait entendre : c'est la **bouilloire** (Wasserkocher). Lydie court vers la cuisine.

– Excuse-moi, mon chéri, j'arrive !

Deux minutes plus tard, elle revient et Sasha est en train d'écrire sur les cartes d'invitation.

– C'est très bien. Tu as tout **rempli** (ausgefüllt) ? Maintenant, qu'est-ce qu'on prépare pour tes amis ?

– Nous pourrions faire un gros **gâteau d'anniversaire** (Geburtstagskuchen) au chocolat ? propose Sasha.

– Oui, bien sûr. Et je pourrais même faire de la **crème anglaise** (Vanillesauce), je sais que tu aimes ça ! dit sa maman pour lui **faire plaisir** (eine Freude zu machen).

– Et on achète aussi des **sodas** (Limonaden), si tu es d'accord ?

– Tu sais bien que je n'aime pas ce genre de **boissons** (Getränke). Mais comme c'est ton anniversaire, je suis d'accord. Et il y aura aussi des **jus de fruits** (Obstsäfte).

Lydie et Sasha organisent l'anniversaire. Ils font des **guirlandes** (Girlanden) et préparent des **jeux** (Spiele). Il voudrait que sa maman l'écoute. Mais elle est toujours très **occupée** (beschäftigt) quand **elle est pressée** (sie es eilig hat).

L'organisation finie, Sasha fait une dernière **tentative** (Versuch).

– Maman, je voudrais te parler d'Antonin…

- **Si j'étais toi** (Wenn ich du wäre), je ne parlerais pas tout le temps de lui. Tu n'inviteras pas **autant de** (so viele) copains que lui, dit Lydie **agacée** (genervt).

Le téléphone sonne et Lydie répond.

- Allô ? Bonjour Madame Levalois ! C'est très drôle parce que nous sommes en train d'organiser l'anniversaire de Sasha ! ajoute-t-elle.

Lydie marche **autour de** (um ... herum) la table. La conversation dure quelques minutes, puis elle demande à son fils **après avoir raccroché** (nachdem sie aufgelegt hat) :

- Tu voulais me dire quelque chose **à propos de** (über) ton ami Antonin ? Et je crois que je ne t'ai pas écouté...

- Oui ! J'essaie de te parler depuis une heure, mais tu **me coupes la parole** (fällst mir ins Wort) ! Quand tu es pressée, c'est toujours la même chose. Antonin et moi, on aimerait organiser nos anniversaires ensemble. Ça serait super ! Tu es d'accord, maman ? demande Sasha.

- Mais oui, mon Sasha ! Sa maman m'a tout expliqué au téléphone. Vous ne serez pas cinq enfants mais quinze pour ton anniversaire ! Quelle fête ! La maison d'Antonin va être un grand **terrain de jeux** (Spielplatz) pour tout le monde !

l'hôte (m./f.)
Gast; Gastgeber(in)
la famille
Familie
les invités
Gäste
le copain,
la copine
Freund(in)
l'ami (m.),
l'amie (f.)
Freund(in)
la carte
d'invitation
Einladungskarte
le/la
camarade
(Klassen)Kamerade(radin)
l'anniversaire
Geburtstag
faire des jeux
Spiele machen
le cadeau
Geschenk
pendant
la fête
während der Feier
Joyeux anniversaire !
Herzlichen Glückwunsch
zum Geburtstag!
le ballon
Luftballon
rire
lachen
la guirlande
Girlande
chanter
singen

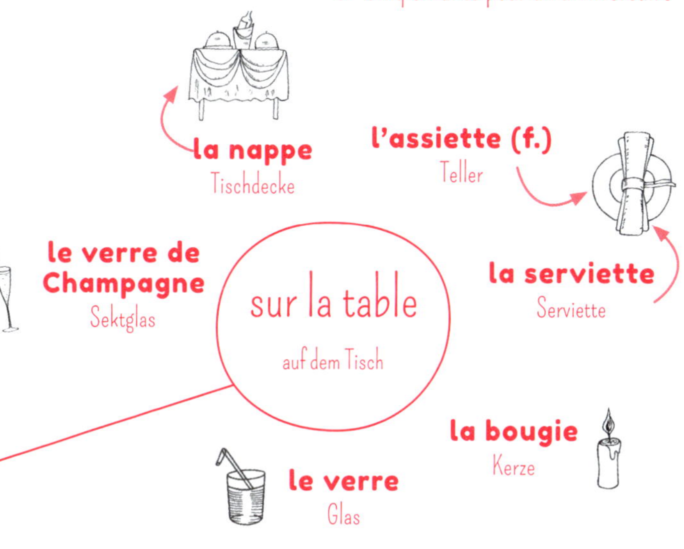
sur la table
auf dem Tisch
la nappe
Tischdecke
l'assiette (f.)
Teller
le verre de Champagne
Sektglas
la serviette
Serviette
la bougie
Kerze
le verre
Glas

à manger et à boire
zum Essen und Trinken
le jus de fruit
Obstsaft
les sucreries (f. pl.)
Süßigkeiten
la boisson
Getränk
le gâteau d'anniversaire
Geburtstagskuchen
le soda
Limonade
le Champagne
Champagner; Sekt

Un problème de connexion

Célestine et André vivent dans le nord de la France. Ils ont plus de quatre-vingts ans. Ils ont acheté un **ordinateur portable** *Laptop* pour avoir **accès à Internet** *Internetzugang*.

Leur fille Coralie vient les voir aujourd'hui pour installer le **routeur** *Router*. André **prend des notes** *macht sich Notizen* sur une feuille de papier.

- Tout d'abord, on **démarre** *fährt hoch* l'ordinateur. Ensuite, il faut trouver un **mot de passe** *Passwort*, ajoute Coralie.

Le couple donne leurs deux prénoms. L'**écran** *Bildschirm* de l'ordinateur **affiche** *zeigt an* un paysage à la campagne.

- Et voilà ! Vous êtes sur ce que l'on appelle « le bureau », explique leur fille.

- Elle est très belle cette photo, commente André, le crayon dans la bouche.

- Maintenant, il faut **installer** *installieren* votre routeur pour avoir Internet.

Célestine met ses lunettes et ouvre le carton. Elle sort les différents éléments. Ils lisent la notice et ils **branchent** (schließen an) la boîte.

Coralie téléphone à son fils Melville. Il vit dans le sud de la France. Il sera meilleur qu'elle pour expliquer ce qu'il faut faire !

Coralie laisse les commandes de l'ordinateur à Célestine.

– Melville me dit que tu dois **cliquer** (klicken) en bas à droite, dit-elle à sa mère. Non, pas ici, Maman ! Tu vois bien que c'est une **horloge** (Uhr) qui donne l'heure ! Il faut cliquer là, sur le **rectangle** (Viereck), montre-t-elle avec le **doigt** (Finger).

– Ah d'accord, répond sa mère.

– Et maintenant, il faut **se connecter** (sich verbinden) au **wifi** (WLAN).

– C'est quoi les huit fruits ? **s'étonne** (wundert sich) Célestine.

Coralie rit.

– Melville, ta mamie confond « wifi » avec « huit fruits »... ce n'est pas gagné ! Non, le wifi, c'est le **réseau** (Netz) pour Internet, c'est le petit **icône** (Icon), là...

André prend des notes sans comprendre tous les détails. C'est difficile pour son âge.

– Pourquoi ça ne marche pas ? demande-t-elle à son fils. Ah, il faut un mot de passe ? Melville dit qu'il doit être sur un papier, ajoute Coralie.

– Quel papier ? La boîte est vide, tout est là... répond Célestine.

Ils cherchent mais ils ne trouvent pas.

– C'est étrange... On peut appeler à ce numéro de téléphone, dit leur fille en donnant un papier à son père.

André arrête d'écrire. Il **compose** (wählt) le numéro de téléphone.

– D'accord Monsieur. Le mot de passe est kzt783Wkb7, dit-il à sa femme **lentement** (langsam).

– Il pourrait trouver plus simple, **se plaint** (beschwert sich) Célestine qui **tape** (tippt) sur le **clavier** (Tastatur).

– Il me dit que tu dois cliquer sur **valider** (bestätigen), ajoute André.

Célestine clique et la **connexion à Internet** (Internetverbindung) fonctionne.

André **raccroche** (legt auf). Il prend sa feuille pour noter le mot de passe.

– Mais Papa, c'est toi qui as la feuille avec le mot de passe ! Tu écris dessus depuis tout à l'heure !

Ils éclatent de rire ! Coralie prend la place de sa maman pour gagner du temps. **Grâce à** (Dank) Melville, ils créent une **boîte mail** (E-Mail-Postfach). Ils installent un **logiciel** (Programm) pour **communiquer** (kommunizieren) avec la famille en **webcam** (Webcam).

– C'est installé, dit-elle **au bout de** (nach) dix minutes. Maintenant, Papa, c'est à toi !

André se met devant l'ordinateur. Coralie lui explique qu'il faut appuyer sur l'icône du programme de **visioconférence** (Videokonferenz).

Ensuite, il écrit « Melville_P ».

André voit maintenant son petit-fils à l'écran.

– **Coucou tout le monde !** (Hallo alle zusammen!) Est-ce que vous pouvez **bouger** (bewegen) la webcam ? Le **plafond** (Decke) est beau, mais il ne parle pas ! ajoute Melville.

Célestine **baisse** (senkt) l'écran. Ils discutent avec lui quelques minutes, **impressionnés** (beeindruckt) par la technologie.

L'appel **se termine** (ist zu Ende) et Coralie quitte ses parents.

Le soir, André va sur l'ordinateur. Il se connecte au programme de vidéoconférence et tape « Melville ».

– Coucou Melville ! C'est André qui te fait une surprise ! Mais… je n'avais pas vu ta barbe ! dit-il en mettant ses lunettes.

– Bonsoir Monsieur. Excusez-moi, je m'appelle Melville mais vous devez **faire erreur** (sich irren), je ne suis pas votre petit-fils !

se connecter
sich verbinden
éteindre
herunterfahren;
ausschalten
démarrer
hochfahren
l'installation
Installation
brancher
anschließen
allumer
einschalten
installer
installieren
cliquer
klicken
autour de
l'ordinateur
rund um den Computer
la connexion
à Internet
Internetverbindung
le logiciel
Software, Programm
l'accès (m.)
à Internet
Internetzugang
le wifi
WLAN
pour Internet
fürs Internet
le mot de passe
Passwort
le réseau
Netz
valider
bestätigen
la webcam
Webcam
la boîte
mail
E-Mail-Postfach
1

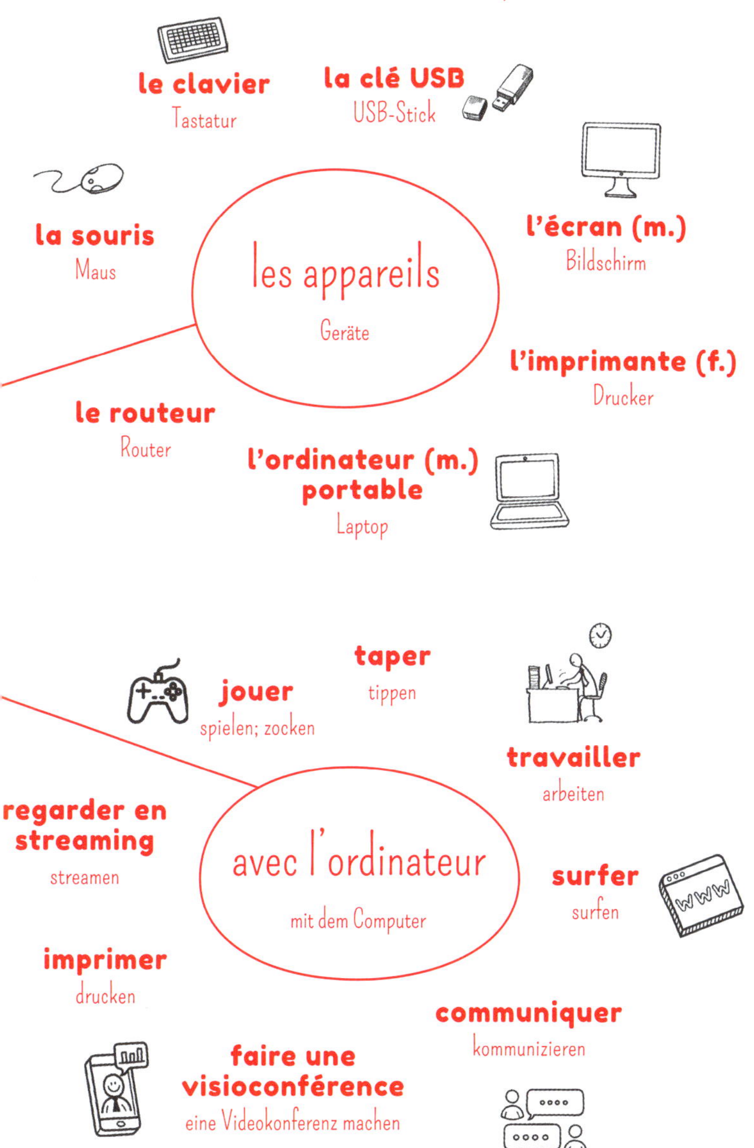
le clavier
Tastatur
la clé USB
USB-Stick
la souris
Maus
les appareils
Geräte
l'écran (m.)
Bildschirm
l'imprimante (f.)
Drucker
le routeur
Router
l'ordinateur (m.) portable
Laptop
jouer
spielen; zocken
taper
tippen
travailler
arbeiten
regarder en streaming
streamen
avec l'ordinateur
mit dem Computer
surfer
surfen
www
imprimer
drucken
communiquer
kommunizieren
faire une visioconférence
eine Videokonferenz machen

Le témoin de la scène

Hugo a rendez-vous dans la ville de Limoges. Il marche dans la rue Charles-Michel, quand il entend la voix d'une femme **en colère** (wütend). Elle se dispute avec un homme. Il est à une centaine de mètres du couple.

– Ce n'est pas possible ! Tu n'as pas le **droit** (Recht) de faire ça ! entend-il **au loin** (von weitem).

Il ne comprend pas le problème mais l'homme et la femme ne parlent plus. Elle court en direction d'Hugo. Il la **croise** (begegnet) sans dire un mot, puis elle **disparaît** (verschwindet) de la rue. Mais l'homme de la dispute est en train de **casser** (zerschlagen) une **vitre** (Scheibe) d'un restaurant. Ensuite, il ouvre la fenêtre et il **entre à l'intérieur** (geht hinein).

Hugo arrête de marcher. Il est le seul **témoin** (Zeuge) dans la rue. Il ne sait pas quoi faire et se pose des questions…

« Peut-être que je devrais appeler la ***police*** *(Polizei) ?*

Ou alors, je demande à cet homme pourquoi il a fait ça ?

Mais il est peut-être dangereux ?

Ou bien je vais à mon rendez-vous, **sinon** (sonst) *je vais être en retard.*

Non, je ne peux pas faire ça, la police, c'est la meilleure **solution** (Lösung)*.* »

Il prend son téléphone portable.

– Bonjour, je vous appelle parce qu'un homme **est entré par effraction** (eingebrochen ist) dans un restaurant. Il **venait de se disputer** (hatte gerade Streit) avec une femme mais je ne sais pas pourquoi… **En tout cas** (Jedenfalls), il est toujours dans le restaurant, ajoute Hugo.

– Ah oui ? **En flagrant délit !** (Auf frischer Tat!) dit le policier excité.

– Oui, c'est pour ça qu'il faut **agir** (handeln) vite !

Après quelques détails, le policier décide :

– J'envoie une **patrouille** (Streife), elle arrive **dès que possible** (so bald wie möglich) !

Hugo raccroche. Il continue à regarder vers le restaurant. Il entend bientôt la **sirène** (Martinshorn) de la voiture de police qui approche. Trois hommes sortent du véhicule. Ils regardent par la porte du restaurant. L'homme qui était passé par la fenêtre vient leur ouvrir. Hugo **les rejoint** (geht zu ihnen) et se présente à la police.

– Ah c'est vous le témoin, dit un des policiers.

Il se tourne vers l'homme.

- Votre identité, Monsieur, s'il vous plaît ? demande le policier autoritaire.

- Je suis le **propriétaire** (Eigentümer) du restaurant. Je suis Monsieur Goura, ajoute-t-il en sortant ses **papiers d'identité** (Ausweispapiere).

- Vous êtes un propriétaire qui casse une vitre pour entrer dans son restaurant ? **intervient** (mischt sich ... ein) Hugo.

Les policiers regardent le verre **brisé** (zerbrochene) sur le **trottoir** (Gehweg).

- Mais je peux tout vous expliquer, Monsieur. Je viens de me disputer avec ma femme. Elle est très colérique. Nous devions travailler pour le repas de midi. Je connais ma femme, quand elle est **fâchée** (sauer), c'est au minimum pour quarante-huit heures !

- Et c'est elle qui a cassé la vitre peut-être ? demande un policier ironique.

- Non, je n'ai jamais dit ça ! **s'emporte** (regt sich auf) l'homme. Je ne suis pas un **voleur** (Dieb) ! Mais c'est elle qui a les clés du restaurant !

Hugo intervient à nouveau.

- **Mince** (Mist), je comprends mieux... Je croyais au **vol** (Diebstahl) et j'ai préféré appeler la police, dit-il **gêné** (verlegen).

Ich hätte dasselbe getan.
- Je comprends, Monsieur. **J'aurais fait la même chose.**
mir nichts vorzuwerfen
Mais je n'ai **rien à me reprocher**. Il faut que je travaille, c'est tout, ajoute l'homme.

falscher Alarm / sind in Ordnung
- Bon, c'est une **fausse alerte**. Vos papiers **sont en règle**,
fasst … zusammen
résume le policier.

Befragung
Après cinq minutes, l'**interrogatoire** est terminé. Les policiers
gehen fort
s'en vont.

- Je vous offre un café ? propose l'homme gentiment.

- Je vous remercie mais j'ai un rendez-vous. Et je suis déjà en retard, ajoute Hugo.

Hugo s'excuse encore. Les deux hommes se saluent, mais il entend la voix d'une femme. Il connaît cette voix…

- Ce n'est pas possible ! C'est quoi cette vitre cassée ? Mais
du das getan hat
qu'est-ce que tu as fait ? Je suis sûre que **c'est toi qui as fait ça** ! Tu es vraiment bête ! se met à crier la femme.

geht langsam weg
Hugo **s'éloigne doucement**, mais c'est bien une nouvelle
ausbricht
dispute du couple qui **éclate** !

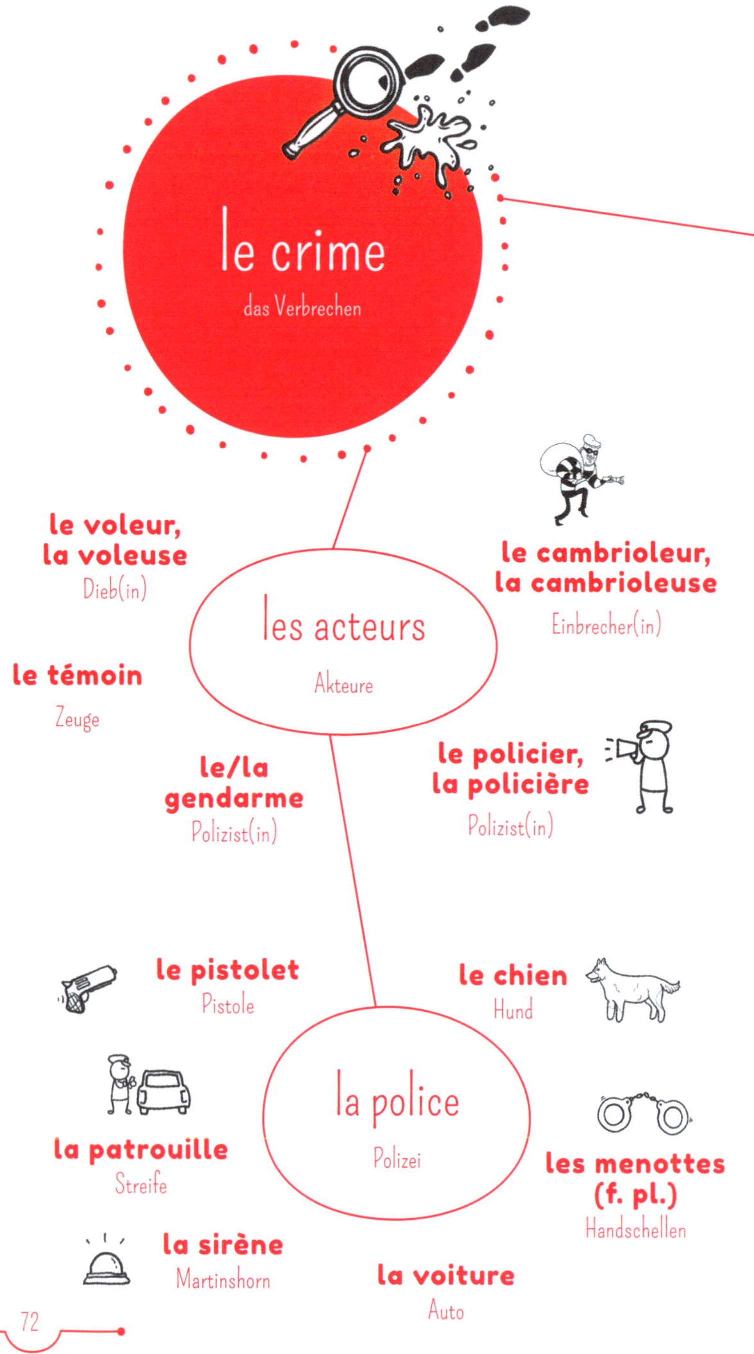
le crime
das Verbrechen
les acteurs
Akteure
le voleur, la voleuse
Dieb(in)
le cambrioleur, la cambrioleuse
Einbrecher(in)
le témoin
Zeuge
le/la gendarme
Polizist(in)
le policier, la policière
Polizist(in)
le pistolet
Pistole
le chien
Hund
la police
Polizei
la patrouille
Streife
les menottes (f. pl.)
Handschellen
la sirène
Martinshorn
la voiture
Auto

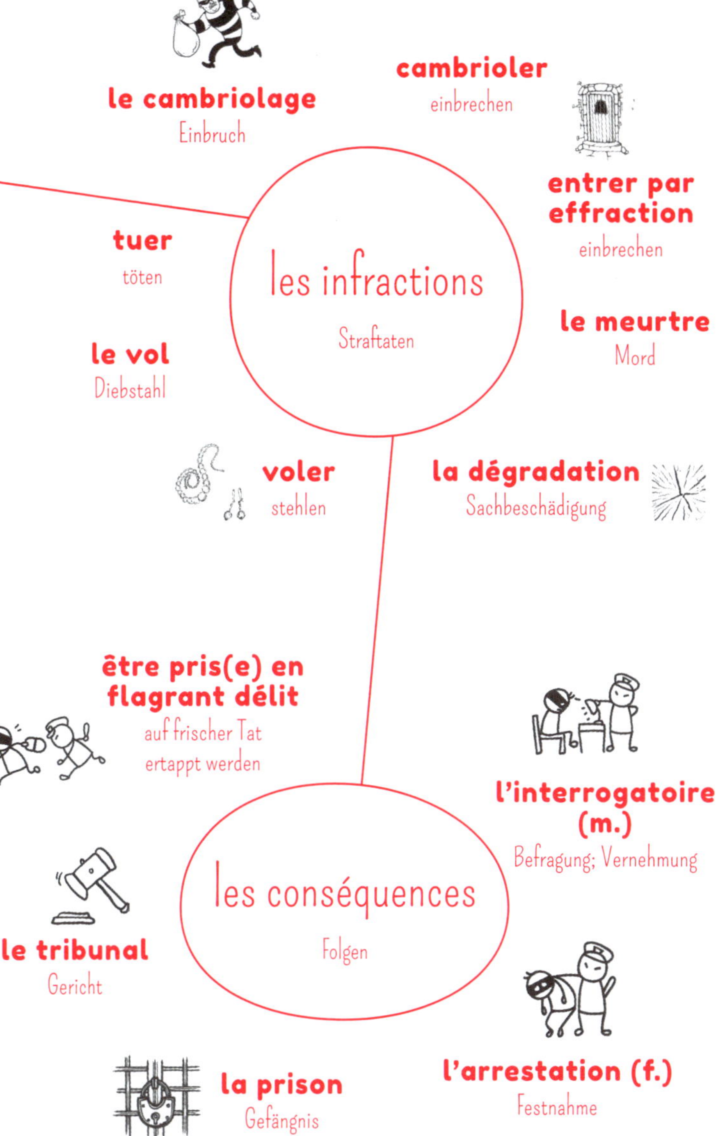
le cambriolage
Einbruch
cambrioler
einbrechen
entrer par effraction
einbrechen
tuer
töten
les infractions
Straftaten
le meurtre
Mord
le vol
Diebstahl
voler
stehlen
la dégradation
Sachbeschädigung
être pris(e) en flagrant délit
auf frischer Tat ertappt werden
l'interrogatoire (m.)
Befragung; Vernehmung
le tribunal
Gericht
les conséquences
Folgen
l'arrestation (f.)
Festnahme
la prison
Gefängnis

12 Un Fest-Noz* en Bretagne

Federica et Didier arrivent à Carnac. Depuis l'Italie, ils ont **parcouru** (*hier:* gefahren) plus de mille kilomètres. Federica est italienne et Didier est français. Ils vont passer une semaine de vacances en Bretagne. Ils sont **accueillis** (empfangen) par Gwen et Véronique, les **propriétaires** (Eigentümer) de la **maison de location** (Ferienhaus).

- Bonjour ! Vous avez fait bonne route ? demande Véronique.

- Oui, merci ! répond Didier. Je suis heureux de revoir mon pays !

- *Degemer mat e breizh* ! ajoute Gwen.

- Je suis italienne ! **s'exclame** (ruft) Federica en montrant son sac aux couleurs de l'Italie. Je parle français mais là, il faut me traduire !

- Je disais « bienvenue en Bretagne ! » en breton, explique Gwen.

Après dix minutes de discussion, le couple visite la maison.

- La Bretagne est magnifique, dit Gwen. À Carnac, il faut visiter les deux mille neuf cent trente quatre **menhirs alignés** (Menhir-Steinreihen) !

- Vous les avez comptés ? **plaisante** (scherzt) Didier.

in echt
- Nous avons vu des photos et nous voulons les voir **en vrai** !

ajoute Federica.

- Il y a aussi un Fest-Noz après-demain, propose Gwen. Notre
Fest
fête traditionnelle ici. Vous connaissez ?

bedauert
- Oui, mais je n'y ai jamais participé, **regrette** Didier.

- Je vous propose qu'on fasse ce Fest-Noz ensemble, dit Gwen.

Le couple accepte, curieux.

Tänze Musik
- Il y a des **danses** et de la **musique**, ajoute Véronique. Le
Konzert
groupe Ker Breizh fera un **concert**. Ils sont incroyables !

Ich freue mich
- Ah oui ? **Je suis impatiente** de voir ça ! dit Federica

- Alors, rendez-vous noté pour lundi ! conclut Didier.

Gastgeber
Deux jours plus tard, ils sont avec leurs **hôtes** au Fest-Noz. Le
Mischung
mélange des générations plaît beaucoup à Federica.

jeden Alters
- Le public est **de tous les âges**... Ça me rappelle l'Italie, dit-

elle à son compagnon.

- Oui, mais ici, tu ne vas pas manger de pizza mais des
Buchweizenpfannkuchen
galettes, ajoute Didier.

probieren Apfelwein
- Oui, et il faut **goûter** le **cidre** aussi ! intervient Gwen.

Des grandes tables **s'étendent** (erstrecken sich) sur des dizaines de mètres. De la **fumée** (Rauch) sort des **stands** (Buden) de nourriture.

- Fest-Noz veut dire « fête de nuit », explique Véronique. Et il y a aussi le Fest-Deiz pour la « fête de jour ».

La musique du groupe Ker Breizh commence. Federica et Didier bougent la tête **en rythme** (im Takt).

- Vous venez ? demande Véronique.

- Mais je ne sais pas danser ! sourit Federica.

- Et moi, je ne sais pas danser en groupe ! ajoute Didier.

- Mais c'est ça l'**esprit** (Geist) du fest-Noz : on danse tous ensemble ! Jeune ou vieux, on est là pour **partager** (teilen), ajoute Gwen.

- C'est très simple ! dit Véronique qui prend la main de Federica. Tous les quatre **se mettent en ligne** (stellen sich in eine Reihe).

- Il faut **sauter** (springen) sur le rythme, comme ça, montre-t-elle. Puis, on fait des petits **pas** (Schritte).

D'autres personnes du **festival** (Festival) **se joignent** (schließen sich an) à eux pour former une grande **chaîne** (Kette) humaine. Tous font les mêmes **mouvements** (Bewegungen) et lèvent les **avant-bras** (Unterarme) en musique.

– Tous les **chants** (Lieder) ne sont pas en breton, **hélas** (leider). C'est un peu la **tradition** (Tradition) qui **se perd** (verloren geht) ici, regrette-t-il.

La soirée se passe dans la **convivialité** (Geselligkeit).

Après la danse, Federica achète même un sac noir et blanc avec le symbole de la Bretagne dans un stand !

Trois heures de Fest-Noz plus tard, le couple rentre à la maison.

– Quelle fête ! commente Didier.

Sa **compagne** (Lebensgefährtin) sort les clés de son nouveau sac. Elle ouvre la porte quand une voiture **s'arrête** (stehen bleibt) devant la maison.

– Vous n'avez pas oublié de faire la fête, mais vous avez oublié votre pays, je crois ! dit Gwen en sortant de sa voiture, le sac aux couleurs de l'Italie à la main !

* 2012 wurde die Tradition des Fest-Noz von der UNESCO zum immateriellen Weltkulturerbe erklärt. Typisch bei den Festen ist, dass sich hier Jung und Alt beim gemeinsamen Tanzen treffen und auch Neulinge die einfachen rythmischen Schrittfolgen leicht erlernen können. Die Musik vereint traditionelle bretonische Gesänge und Instrumentalstücke (gespielt u.a. auf Dudelsack, Bombarde und Akkordeon) mit Einflüssen moderner Musik.

le carnaval
Karneval; Fasching

la fête de la musique
Musikfest

Noël
Weihnachten

les grandes fêtes
große Feste

la Saint-Sylvestre
Silvesterabend

le mariage
Hochzeit

l'anniversaire (m.)
Geburtstag

les fêtes
Feste, Feiern

la fête des mères/pères
Mutter-/Vatertag

la pendaison de crémaillère
Einweihungsfeier

autres fêtes
weitere Feste

la fête de l'école
Schulfest

la fête des voisins
Nachbarschaftsfest

la fête de famille
Familienfeier

les lieux
Orte

le concert
Konzert

la discothèque
Diskothek

la salle des fêtes
Festhalle, Festsaal

le festival
Festival

les incontournables de la fête
ein Muss bei Feiern

le feu d'artifice
Feuerwerk

manger
essen

danser
tanzen

boire
trinken

la danse
Tanz

la musique
Musik

chanter
singen

le déguisement
Verkleidung

le chant
Lied; Gesang

Un ciné-concert sous la pluie

Jérôme et Sophie travaillent ensemble dans une **maison d'édition** (Verlag). Ils aiment les livres et le **cinéma** (Kino). Un vendredi soir, ils sortent en même temps du bureau.

- Ça te dit d'aller au festival de **ciné-concert** (Kino-Konzert) ce week-end ? propose Jérôme.

- Avec plaisir ! **Je n'ai rien prévu.** (Ich habe nichts vor.) Quels sont les **films** (Filme) **à l'affiche** (auf dem Spielplan) ? demande Sophie.

- Je ne sais pas, je n'ai pas regardé le programme. Mais j'ai vu un kiosque pour un festival près d'ici. On y va si tu as le temps ?

- D'accord, **se réjouit** (freut sich) Sophie.

Ils marchent vers la place où une jeune femme donne des **renseignements** (Auskünfte) sur le festival.

- Bonjour ! Je peux vous renseigner ? demande-t-elle aux deux amis.

- Bonjour. Oui, nous aimerions savoir quel est le programme du festival ? demande Jérôme.

werden wir zeigen
- Samedi à seize heures, **nous montrerons** un film dans un
in Erinnerung an den Stummfilm
parc **en hommage au film muet**.

Was heißt das?
- Ah oui ? **C'est-à-dire ?** demande Sophie.

werden einen Film vorführen — Leinwand
- Nous **projetterons un film** sur un grand **écran**. Un pianiste
wird improvisieren — Musik
improvisera la **musique** en direct, ajoute la jeune femme.

Soundtrack
Et le soir, un orchestre jouera la **bande-son** du film *Indiana Jones*.

Abenteuerfilme
- Alors ça, c'est pour nous ! On adore les **films d'aventure** !
dit Jérôme.

hier: wird spielen
- L'orchestre **interprètera** les parties musicales pendant que
Originaldialoge
vous pourrez voir le film avec les **dialogues originaux**.

Preis
- Super ! Ça se passe où ? Et quel est le **tarif**, s'il vous plaît ?
setzt fort
poursuit Jérôme.

hier: Karte
- C'est au grand théâtre. Le tarif est de vingt euros la **place** pour
les deux films.

Les deux collègues sont très intéressés.

- On prend deux places, dit Sophie.

- D'accord. Il y aura aussi des ciné-concerts dimanche matin,
continue la jeune femme.

– Je vous **coupe** (unterbreche) tout de suite ! Le dimanche matin, je dors ! plaisante Jérôme.

– Alors, vous allez **manquer** (verpassen) un autre hommage au cinéma muet. Un groupe fera des **bruitages** (Geräusche) en direct sur les images du film.

– C'est intéressant, dit Sophie. Mais je dors aussi dimanche matin… s'excuse-t-elle.

La jeune femme sourit.

– Pas de problème ! Si vous ne voulez pas dormir l'après-midi, j'ai peut-être ce qu'il vous faut ! Mais il ne reste qu'une dizaine de places. C'est **gratuit** (kostenlos), mais il faut réserver.

– Ah oui ? Et c'est quoi ? demande Jérôme.

– C'est une **expérience** (Erfahrung) de **cinéma en plein air** (Open-Air-Kino). Vous pourrez voir le film *Singin' in the rain* avec des **surprises** (Überraschung) **incroyables** (unglaublichen). C'est du cinéma **qui se vit** (das man erlebt). Je ne peux rien dire, dit la jeune femme **évasive** (ausweichend).

– Alors, on veut des places ! dit Sophie.

Ils prennent deux tickets pour cette **mystérieuse** (geheimnisvolle) expérience.

Après les ciné-concerts du samedi, Sophie et Jérôme se voient

le dimanche devant le grand écran. Il y a beaucoup de monde.
Nach
Le duo est prêt à vivre « l'expérience » *Singin' in the rain.* **Au**
bout de vingt minutes, le film commence. L'orchestre joue les
Zelt Die gesungenen Abschnitte
musiques sous un **chapiteau**. **Les passages chantés** du
film sont interprétés par des artistes. Pour le plaisir du public, le
Vorstellung
spectacle est filmé sur un deuxième écran. Le moment attendu
de la chanson mythique du film commence :

I'm singin' in the rain...

Au même instant, des personnes du public ouvrent des
Regenschirme gemeinsam
parapluies. Ils se lèvent et commencent à chanter **en chœur**.
Ce sont des artistes du spectacle. Un homme est devant Sophie
steppen
et Jérôme. Il se met à **faire des claquettes**. Les deux amis
spüren Wassertropfen
sentent des **gouttes d'eau** sur leurs têtes.

Spezialeffekte
- C'est incroyable ! Ils ont même des **effets spéciaux** pour
spüren zu lassen entzückt
nous **faire ressentir** la pluie ! s'exclame Jérôme **émerveillé**.
schaut zum Himmel
Sophie **lève les yeux au ciel**.

So ein Quatsch
- **N'importe quoi**, Jérôme, le ciel est gris ! Ce n'est pas dans le
spectacle, il pleut vraiment !

le cinéma
Kino

l'écran (m.)
Leinwand; Bildschirm

projeter un film
einen Film vorführen

la projection
Vorführung

le cinéma en plein air
Open-Air-Kino

la place
Sitzplatz; Karte

le tarif
Preis

le ciné-concert
Kino-Konzert

le festival du cinéma
Kinofestival

les effets (m. pl.) spéciaux
Spezialeffekte

le tournage
Dreh

faire un film
einen Film machen

la bande-annonce
Trailer

tourner
drehen

la bande-son
Soundtrack

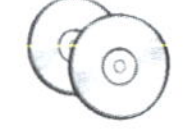

la musique
Musik

l'affiche (f.)
Plakat

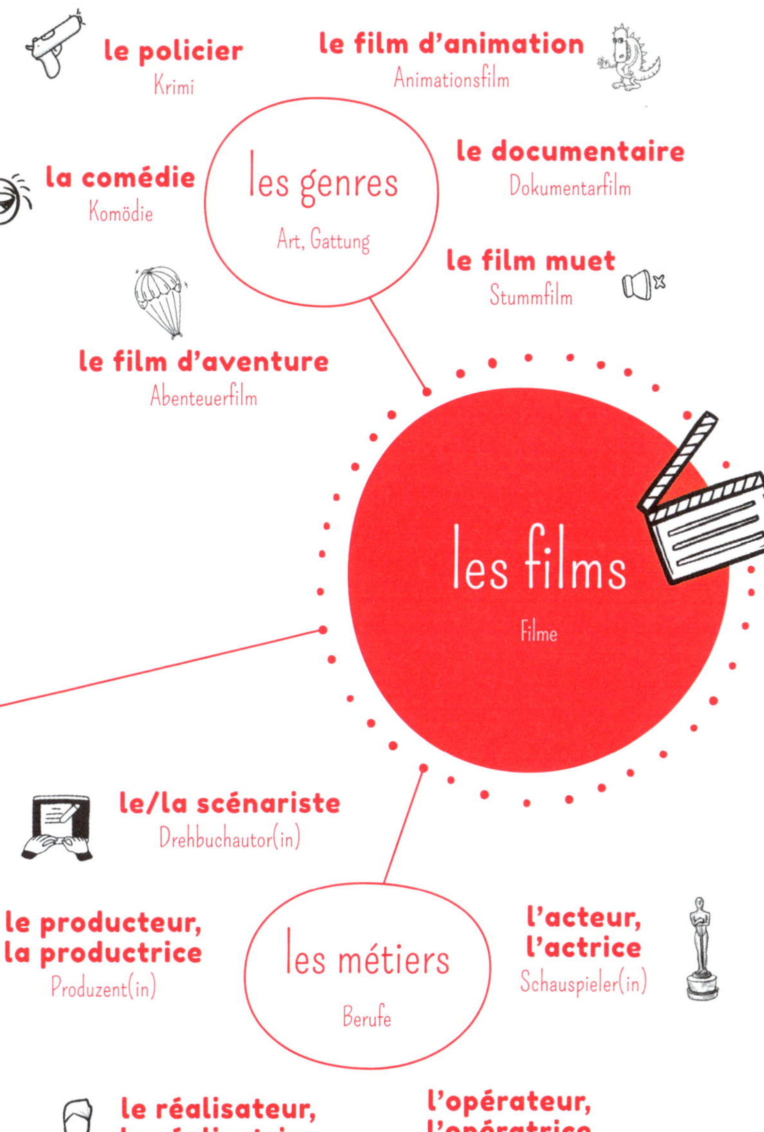
les films
Filme
les genres
Art, Gattung
le policier
Krimi
le film d'animation
Animationsfilm
la comédie
Komödie
le documentaire
Dokumentarfilm
le film muet
Stummfilm
le film d'aventure
Abenteuerfilm
les métiers
Berufe
le/la scénariste
Drehbuchautor(in)
le producteur,
la productrice
Produzent(in)
l'acteur,
l'actrice
Schauspieler(in)
le réalisateur,
la réalisatrice
Regisseur(in)
l'opérateur,
l'opératrice
Kammeramann(-frau)

Un scénario en coton

Laurence **coiffe** (kämmt) ses cheveux blonds, pose la main sur sa **joue** (Wange) et regarde devant elle, les **larmes** (Tränen) aux yeux.

– Si tu es un homme, tu devrais me **défendre** (verteidigen), dit-elle d'une **voix** (Stimme) triste.

Elle se tourne vers son partenaire et sa **robe** (Kleid) **flotte** (flattert) dans l'air.

Samuel sort le revolver de sa **poche** (Tasche) et **déchire** (zerreißt) son **pantalon** (Hose).

– **Coupez !** (Cut!) crie alors le réalisateur. Tout le monde fait une pause. Nous allons voir Camilia, la **costumière** (Kostümschneiderin). De toute façon, je n'aime pas ta **tenue** (Kleidung), elle ne va pas avec la robe de Laurence, ajoute Marco en parlant à Samuel.

L'acteur regarde sa poche.

– Je me demande comment j'ai fait, dit-il désolé.

Ils quittent les lieux et vont vers l'**atelier** (Werkstatt) de la costumière.

Il frappe à la porte et Camilia ouvre.

– On a besoin de toi, dit Marco.

- Ah oui ? En effet, je vois le problème, répond-elle avec un **sourire** (Lächeln).

- Le **pistolet** (Pistole) est grand et la poche est petite, alors le **tissu** (Stoff) s'est déchiré, explique Samuel.

Marco continue :

- Et **il faudrait** (man bräuchte) un autre pantalon. J'aimerais une tenue plus élégante, dans un style dandy et **bohème** (unkonventionell). Tu as cela pour nous ?

Camilia connaît son métier et son atelier. Dans le **dressing** (Ankleide), elle cherche le bon **vêtement** (Kleidungstück).

- Qu'est-ce que tu en dis ? demande-t-elle au réalisateur.

- Celui-là est très bien, mais je n'aime pas la couleur. Un **velours** (*hier:* Cordhose) violet serait mieux, ajoute Marco.

Elle va au fond de l'atelier. C'est une vraie **caverne d'Ali Baba** (Schatzkammer) !

- Je crois que j'ai **ce qu'il te faut** (was du brauchst) ! Elle ouvre une **boîte** (Schachtel) en carton. Voilà un **costume** (Anzug) typique des années soixante-dix. Regardez cette **chemise** (Hemd) et son **col** (Kragen) incroyable !

- Ah oui, c'est parfait ! Tu as les chaussures qui **vont avec** (dazu passen) ? demande Samuel.

Camilia leur montre une **étagère** (Regal) avec des centaines de paires.

- Voilà tous les modèles, les **pointures** (Schuhgrößen) sont écrites sur les boîtes. Tu fais du combien ? demande-t-elle à Samuel.

- Du quarante-trois, répond-il.

- Regarde ces belles **santiags** (Cowboystiefel) ! sourit Camilia.

- Non, je ne veux pas un cow-boy, je veux un dandy ! corrige Marco.

- Alors ce modèle ? propose-t-elle en lui montrant des chaussures en **cuir** (Leder) marron.

- Celles-ci sont superbes ! dit Samuel avec une autre paire dans les mains.

- Tout à fait d'accord, on les prend ! ajoute le réalisateur.

L'acteur entre dans la **cabine d'essayage** (Umkleidekabine). Il **met** (zieht an) sa nouvelle tenue pendant que Marco et Camilia regardent les **chapeaux** (Hüte).

- Ce modèle irait bien avec le costume. Qu'en penses-tu ?

Marco **observe** (beobachtet) le chapeau et **valide** (stimmt zu).

Samuel sort de la cabine mais le pantalon est un peu grand. La costumière **ajuste** (passt an) le tissu à la **bonne taille** (passende Größe).

Avec le chapeau, Samuel ressemble à un vrai dandy, bohème avec un côté mauvais garçon.

– C'est parfait, ça va tout à fait avec son personnage et avec celui
vorbereiten
de Laurence ! Camilia, tu peux **préparer** la tenue maintenant ? demande Marco.

Nähmaschine Faden
Elle regarde sa **machine à coudre** et prend du **fil** violet.

– J'ai tout ce qu'il faut, je crois ! dit-elle en souriant. Je t'apporte
nachher
ça **tout à l'heure**.

Filmset
Les deux garçons descendent sur le **plateau de tournage**. Ils répètent la scène à nouveau, pour être sûrs d'eux.

Une heure plus tard, Camilia apporte le costume à Samuel. Maintenant, il est prêt à tourner la scène.

Action! kündigt an Team
– **Moteur, ça tourne ! annonce** Marco à l'**équipe**.

Laurence coiffe ses cheveux blonds, pose la main sur sa joue et regarde devant elle, les larmes aux yeux.

– Si tu es un homme, tu devrais me défendre, dit-elle d'une voix triste.

Elle se retourne, mais son pied bloque sa robe qui se déchire.

brüllt
– Coupez ! Non, mais c'est pas vrai ! Camiliaaaaaa ! **hurle**
wütend
Marco, **fou de rage**.

vêtements et accessoires
Kleidung und Accessoires
les vêtements
Kleidungsstücke
le costume
Anzug; Kostüm
le chemisier
Bluse
le tailleur
Damenkostüm
la chemise
Hemd
la poche
(Hosen)Tasche
le col
Kragen
le pantalon
Hose
la robe
Kleid
la jupe
Rock

les matières
Stoffe
le tissu
Stoff
le synthétique
Kunstfaser
la laine
Wolle
le coton
Baumwolle
la soie
Seide
le velours
Cord
le cuir
Leder

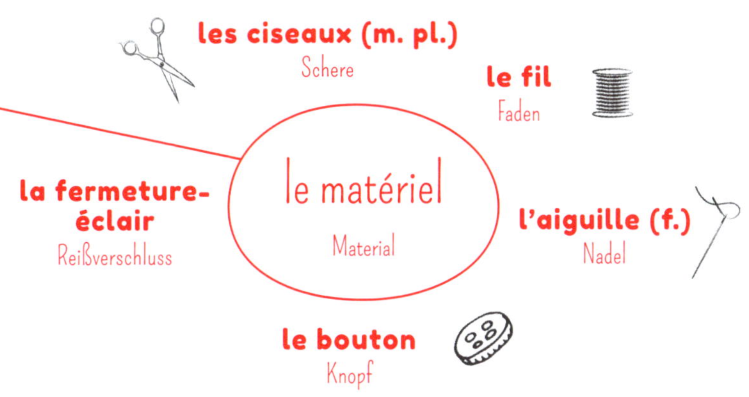
le matériel
Material
les ciseaux (m. pl.)
Schere
le fil
Faden
la fermeture-éclair
Reißverschluss
l'aiguille (f.)
Nadel
le bouton
Knopf

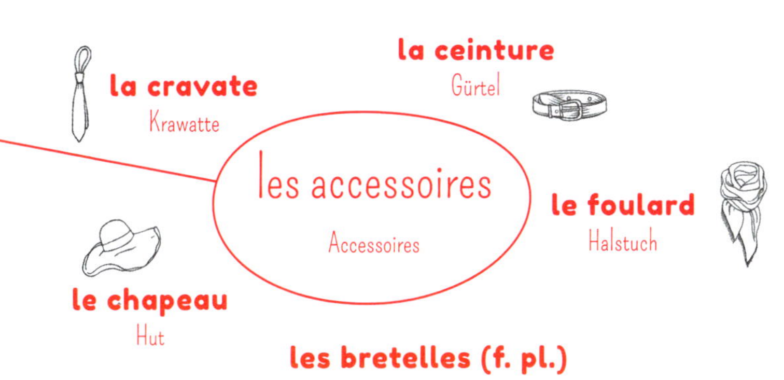
les accessoires
Accessoires
la cravate
Krawatte
la ceinture
Gürtel
le foulard
Halstuch
le chapeau
Hut
les bretelles (f. pl.)
Hosenträger

Le magasin de bricolage

Baumarkt

Charlie et Hélène font des courses dans un magasin de bricolage. Ils veulent rénover un vieux mur en pierre dans le **jardin** (Garten). Hélène adore son jardin. Elle aimerait avoir le plus beau du quartier. Sur le parking, ils prennent un **chariot** (Einkaufswagen). Ils marchent dans les nombreux **rayons** (Abteilungen) du magasin. Ils sont avec leurs filles Victoire et Constance.

– Maman, tu n'oublies pas que je veux **peindre** (streichen) aussi le mur de ma chambre ? rappelle Victoire.

– Oui, le rayon peinture est là. Quelle couleur veux-tu ? demande Hélène.

– Je voudrais du jaune, **affirme** (betont) leur fille. Il y a un **pot** (Topf) d'un litre **en promotion** (im Angebot).

– Je préfère ce jaune, ma belle. C'est une peinture naturelle et écologique. C'est mieux, non ? demande Charlie.

– Oui, je veux bien. C'est une belle couleur ! dit Victoire **ravie** (begeistert). Mais Constance est **jalouse** (eifersüchtig).

neu streichen
- Moi aussi, je pourrais **repeindre** ma chambre, propose-t-elle.

- Ah non, Constance. Tu as choisi la couleur rouge à Noël. Et on ne va pas encore peindre ta chambre, conclut Hélène.

enttäuscht Absage
Constance est **déçue**, mais accepte ce **refus**. Ils vont ensuite
Bauabteilung
au **rayon maçonnerie**.

Sand Kalk
- Bonjour. Je voudrais acheter du **sable** et de la **chaux** pour
Putz
faire un **enduit**, demande Charlie à un vendeur.

- Bonjour Monsieur. Voici les sacs de chaux, dit-il en montrant le bas d'un rayon. Pour le sable, il faut aller à l'extérieur du magasin.

- D'accord, merci, répond Charlie.

geht weiter
Il prend deux sacs de chaux de vingt kilos. La famille **avance** et
füllt sich
le chariot **se remplit**.

erhält
Hélène **reçoit** un appel téléphonique de sa maman.

- Allô ? répond Hélène.

- Oui, ma chérie, c'est maman. Je voulais savoir si c'est toujours d'accord pour demain ?

- Oui, pas de problème. Il y aura les parents de Charlie aussi. Je dois te laisser, nous faisons des courses, ajoute-t-elle.

- Oui, bien sûr, à demain ! conclut sa mère.

- À demain, bisous.

- Il faut trouver l'**arbre** (Baum) pour la surprise que nous ferons à nos parents demain, ajoute Charlie. Regarde, il y a des **plantes** (Pflanzen) là-bas, se réjouit-il.

Au **rayon jardinage** (Gartenabteilung), il y a beaucoup de pots avec des arbres.

- Alors, **olivier** (Olivenbaum) ou **chêne** (Eiche) ? demande Charlie. Quelle chance, il y a les deux !

- Olivier ! dit Hélène **sans hésiter** (ohne zu zögern).

- D'accord. Et maintenant, on achète des **fleurs** (Blumen).

- Et des **graines** (Samen) pour le **potager** (Gemüsebeet), ajoute Victoire.

Le chariot devient de plus en plus lourd.

- J'espère que nous aurons assez de place dans le **coffre** (Kofferraum), s'inquiète Charlie. Je prendrai le sable pour le mur une prochaine fois.

Le couple paie les **achats** (Einkäufe) à la caisse. Ils rentrent chez eux après deux heures de courses.

- Il est tard ! Nous ferons le jardinage demain matin, dit Hélène dans la voiture.

Le lendemain, la petite famille est dans le jardin. Hélène **plante** (pflanzt) des fleurs de toutes les couleurs. Charlie **creuse** (gräbt) un **trou** (Loch) avec une **pelle** (Schaufel). Il trouve le meilleur **emplacement** (Platz) pour l'olivier. Et les filles sont dans le potager. Elles **sèment** (säen) des graines de **tomates** (Tomaten).

Vers midi, les parents du couple sont arrivés. Ils font un **tour** (Rundgang) dans le jardin.

- Vous avez bien travaillé ! Les fleurs sont très belles, quelles couleurs ! s'exclame Blanche, la maman d'Hélène.

- Oui ! Et maman n'a pas tout planté ! ajoute Constance.

- Mais il y a un nouvel arbre ! remarque Auguste, le père de Charlie. C'est un olivier, n'est-ce pas ?

- Oui, c'est ça. Cet arbre est un symbole de **longévité** (Langlebigkeit), commente son fils.

- Et c'est un très joli prénom, ajoute Blanche.

- Oui, **tu ne crois pas si bien dire** (du glaubst nicht, wie Recht du damit hast), maman ! sourit Hélène. Nous sommes heureux de vous annoncer que c'est le prénom de votre futur petit-fils ! ajoute-t-elle en montrant son ventre.

dans le jardin
im Garten

la pelouse
Rasen

l'arbre (m.)
Baum

la fleur
Blume

la plante
Pflanze

la haie
Hecke

dans le potager
im Gemüsebeet

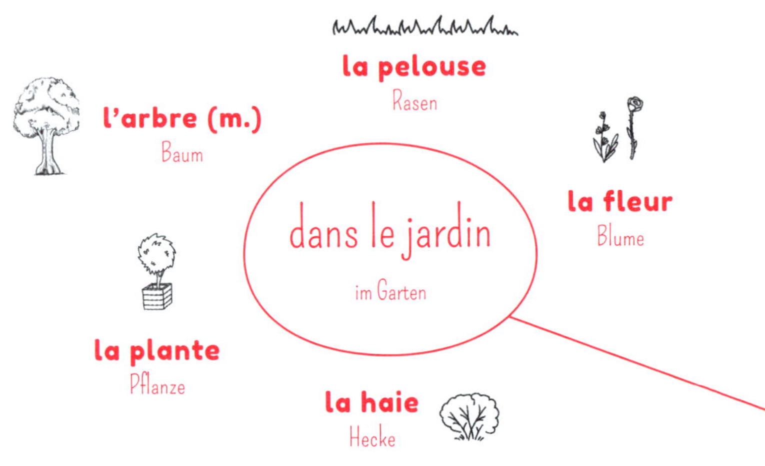

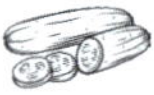

le concombre
Gurke

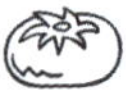

la tomate
Tomate

le grain
Samen

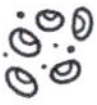

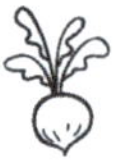

le radis
Radieschen

les herbes (f. pl.) aromatiques

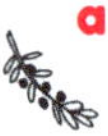

Kräuter

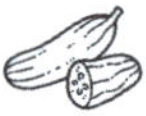

la courgette
Zucchini

la pomme de terre
Kartoffel

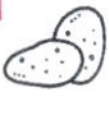

le potiron
Kürbis

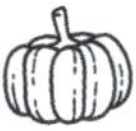

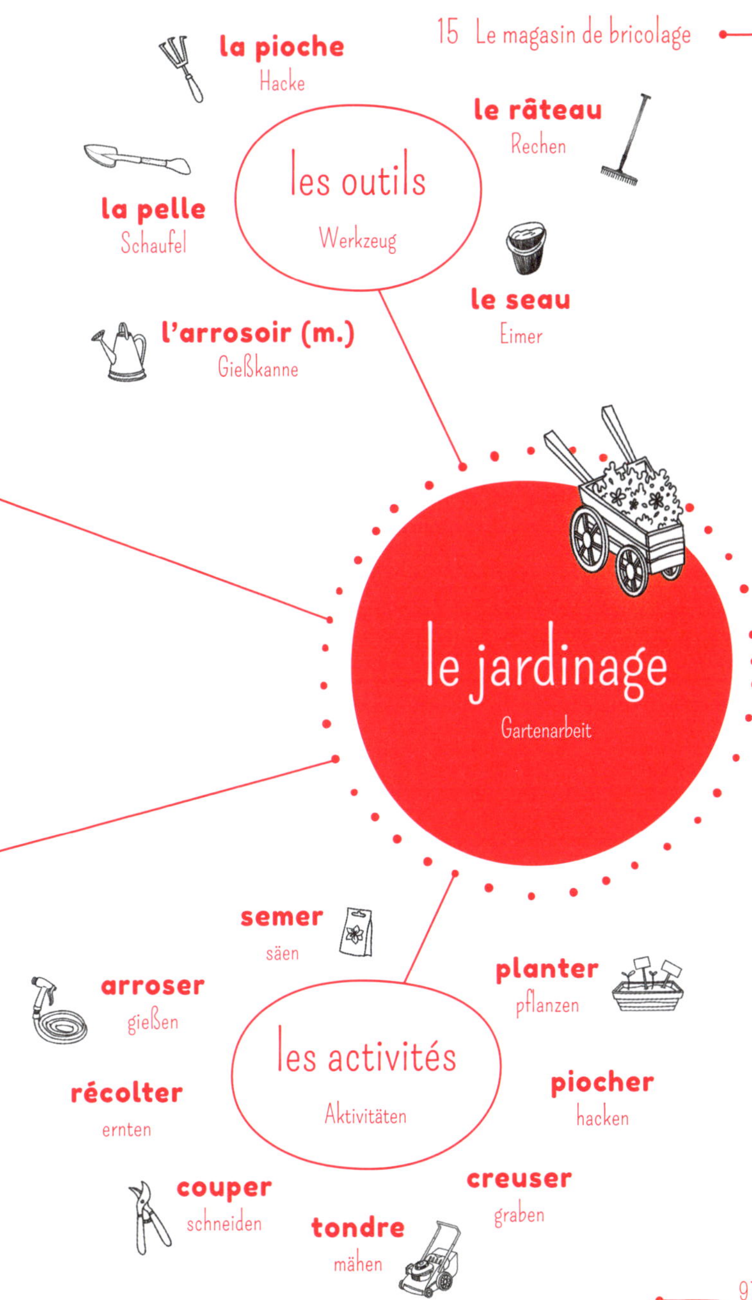
la pioche
Hacke
le râteau
Rechen
les outils
Werkzeug
la pelle
Schaufel
le seau
Eimer
l'arrosoir (m.)
Gießkanne
le jardinage
Gartenarbeit
semer
säen
planter
pflanzen
arroser
gießen
les activités
Aktivitäten
récolter
ernten
piocher
hacken
creuser
graben
couper
schneiden
tondre
mähen

Mieux trier les déchets

Abfälle

Adèle et Marc vont vers la première maison de la rue et sonnent à l'entrée. Après quelques secondes, un vieux monsieur ouvre la porte et dit :

- Bonjour. Qui êtes-vous ?

Adèle lui répond :

- Bonjour Monsieur. Nous sommes des **employés** (Angestellte) de la **mairie** (Rathaus) et nous **rendons visite** (besuchen) aux habitants de la ville. Nous voulons vous parler des déchets. Il est important de les **trier** (trennen). Le savez-vous ?

- Je suis d'accord avec vous. Je **dépose** (bringe) toujours le **verre** (Glas) dans la grande **benne** (Container) au bout de la rue. Mais les autres déchets, je ne les trie pas parce que je ne sais pas comment faire.

- Nous sommes **justement** (gerade) là pour vous expliquer, dit Marc. Je vous donne cette **brochure** (Broschüre) avec des informations sur le **tri** (Mülltrennung). Par exemple, le **métal** (Metall), les **cartons** (Kartons) et les bouteilles en **plastique** (Kunststoff) sont à **recycler** (recyceln). Mais il faut **jeter** (wegwerfen) les **emballages** (Verpackungen) plastiques sales ou la **vaisselle cassée** (zerbrochenes Geschirr).

Le vieux monsieur regarde la brochure pendant quelques instants.

Puis il demande :

– Je dois **me débarrasser** (entsorgen) d'une **batterie de voiture** (Autobatterie). Est-ce que je peux la jeter dans ma **poubelle** (*hier:* Restmülltonne) ?

– Non, répond Adèle. Il faut la déposer dans une **déchetterie** (Wertstoffhof).

– Je vous remercie pour votre réponse, Madame. Félicitations pour votre travail !

Les deux collègues **saluent** (verabschieden sich) le vieux monsieur et vont à la maison suivante. Marc frappe à la porte **car** (denn) il n'y a pas de sonnette. Une vieille dame ouvre. Adèle lui dit :

– Bonjour Madame. Nous sommes des employés de la mairie et nous voulons vous parler du tri des déchets.

– Du tri des déchets ? **répète** (wiederholt) la vieille dame sans dire bonjour. Ça ne m'intéresse pas.

– Ne triez-vous pas vos déchets, Madame ? demande Marc.

– Non. Je pense que c'est **inutile** (unnötig). Je vis seule. Si je trie ou non mes déchets, ça ne changera rien. Notre **environnement** (Umwelt) sera

verschmutzt
toujours **pollué**.

Im Gegenteil
- **Au contraire**, Madame. Si chaque personne fait un petit
Anstrengung handeln
effort, les écosystèmes seront moins pollués. On doit **agir** !

Voulez-vous quelques informations ?

weder … noch
- Ça ne m'intéresse pas. Je ne veux **ni** cette brochure **ni** vos conseils.

La vieille dame ne dit pas au revoir et ferme sa porte. Adèle et
bestehen nicht weiter darauf wirft
Marc **n'insistent pas**. Adèle **glisse** cependant la brochure
Briefkasten
dans la **boîte à lettres** de cette femme. Elle dit à son collègue :

empfangen
- J'espère que nous serons mieux **accueillis** dans la prochaine maison.

Adèle et Marc arrivent devant la nouvelle maison. Une jeune
lächelnd
femme avec un bébé dans les bras les accueille **avec le sourire**. Les deux employés lui parlent du tri des déchets. La jeune femme les écoute, puis elle dit :

- Je suis très contente que la mairie s'occupe du tri des déchets.

- Ce n'est pas le cas de votre voisine, répond Marc.

- Ça ne m'étonne pas. Cette femme ne dit ni bonjour ni au revoir. Elle ne sourit jamais. Personne ne l'aime dans le quartier.

Adèle donne la brochure à la jeune femme et commence à lui expliquer le tri des déchets. Mais la jeune femme lui dit :

- Je n'ai pas besoin de ces explications parce que je connais bien le tri des déchets. Je suis très engagée dans la **protection de l'environnement** (Umweltschutz).

- C'est très bien, Madame, dit Marc. Dans ce cas, que pensez-vous de cette initiative de la mairie ?

- C'est une bonne initiative, mais je pense que la mairie peut faire mieux.

- **C'est-à-dire ?** (Was meinen Sie genau?) demande Adèle.

- Le tri des déchets, c'est très bien. Mais **réduire les déchets** (Müll verringen), c'est encore mieux ! Par exemple, je **composte** (kompostiere) les **déchets alimentaires** (Speisereste) et je **réutilise** (verwerte wieder) des **bocaux** (Einmachgläser). J'achète des **vêtements d'occasion** (Secondhandkleidung) et je n'utilise pas de **couches jetables** (Wegwerfwindeln) pour mon bébé, je **fabrique moi-même** (stelle selber her) ma **lessive** (Waschmittel)...

- Si je comprends bien, vous n'avez plus de déchets à trier, dit Marc.

- Non, **sauf si** (außer wenn) vous me donnez une brochure...

l'environnement
Umwelt

quelques adjectifs
einige Adjektive

pollué(e)
verschmutzt

biodégradable
kompostierbar

jetable
Wegwerf-

écologique
ökologisch; umweltfreundlich

naturel(le)
natürlich

recyclable
wiederverwertbar

la protection de l'environnement
Umweltschutz

composter
kompostieren

trier
trennen

recycler
recyceln; wiederverwerten

réutiliser
wiederverwenden

réduire les déchets
Müll verringern

ne pas jeter
nicht wegwerfen

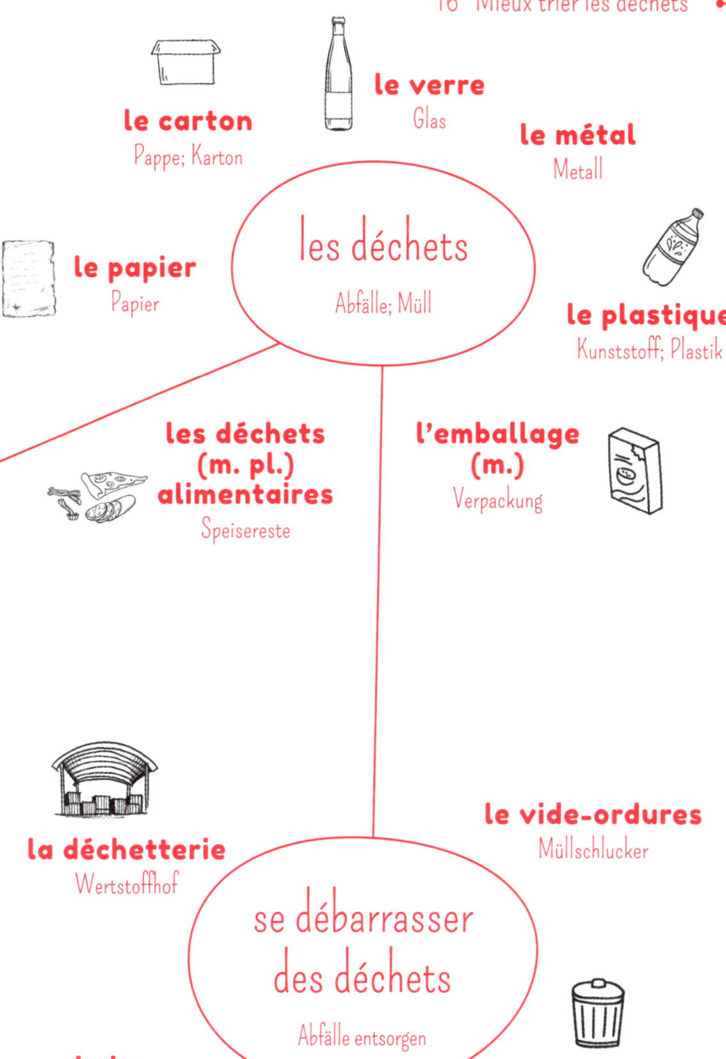

les déchets

Abfälle; Müll

le carton
Pappe; Karton

le verre
Glas

le métal
Metall

le papier
Papier

le plastique
Kunststoff; Plastik

les déchets (m. pl.) alimentaires
Speisereste

l'emballage (m.)
Verpackung

se débarrasser des déchets

Abfälle entsorgen

la déchetterie
Wertstoffhof

le vide-ordures
Müllschlucker

la benne
Container

la poubelle
Mülleimer; Restmülltonne

Une nouvelle vie

– Mes chers amis, je vous remercie d'être venus si nombreux !

Aujourd'hui, l'APLLA, l'**association de protection du littoral** (Stiftung zum Küstenschutz) de la Loire-Atlantique, organise son **assemblée générale** (Mitgliederversammlung). Roland prononce le **discours d'ouverture** (Eröffnungsrede). Après avoir été président de l'APLLA pendant vingt ans, il a décidé de partir cette année.

– L'APLLA a été créée en 2000, une année après le **naufrage** (Schiffbruch) de l'*Erika*.

Le 12 décembre 1999, le **pétrolier** (Öltanker) *Erika* **a coulé** (ist untergangen) dans l'océan Atlantique. Il transportait du **fuel** (Dieselkraftstoff), qui a pollué la côte française, du Finistère jusqu'à la Charente-Maritime.

– Nous nous souvenons tous de cette **catastrophe** (Katastrophe), **reprend** (setzt fort) Roland. À cette époque, je travaillais à la **raffinerie** (Ölraffinerie) de Donges. J'**étais chargé** (war dafür zuständig) de recevoir le pétrole. Mais quand j'ai vu le fuel sur les plages, j'ai été traumatisé. Quand j'ai vu tous ces poissons

schockiert
et ces oiseaux mourir, j'ai été **scandalisé**. Je ne pouvais plus
etwas anderes
continuer comme ça. Je voulais faire **autre chose** dans la vie. Il
Job
me fallait un autre **boulot**.

Roland fait une petite pause, boit un verre d'eau, puis continue :

Karriere
– Dans la raffinerie, j'avais eu une belle **carrière**. J'avais la
Leiter Katastrophe
possibilité de devenir **directeur**. Mais, après le **désastre** de
gekündigt
l'*Erika*, ça ne m'intéressait plus. J'ai **démissionné** et je suis
Freiwilliger reinigen
devenu **bénévole** pour **nettoyer** les plages. J'ai aussi nettoyé
bedeckt
tous les oiseaux **recouverts** de fuel. Le premier soir, quand je
suis rentré chez moi, j'ai pleuré. Je me suis dit : « Plus jamais ça ! »

sichtbar
Roland s'arrête de parler. L'émotion est **visible** sur son visage.
Puis il reprend son discours :

schwer
– Les conséquences du naufrage étaient **lourdes**. Alors, j'ai
überlegt handeln vermeiden
réfléchi. Comment **agir** pour **empêcher** une nouvelle
catastrophe ? Comment faire pour protéger l'environnement ?
versammelt wütend
J'ai **réuni** quelques amis. Nous étions tous **en colère** à
cause du naufrage de l'*Erika*. Nous avons décidé de créer une
association : l'association de protection du littoral de Loire-

Atlantique, ou l'APLLA. Je suis devenu le président. Je voulais faire un ou deux **mandats** (Amstzeiten). Mais j'en ai fait cinq. Pendant vingt ans, nous avons **surveillé** (überwacht) le littoral, nous avons protégé les animaux. Nous avons aussi **poursuivi** (verfolgt) les personnes qui ne respectaient pas l'environnement. Aujourd'hui, il est temps que je **passe la main** (die Leitung abgebe).

Roland s'arrête à nouveau, puis **reprend la parole** (ergreift wieder das Wort) :

– Avant de présenter mon dernier **rapport d'activités** (Rechenschaftsbericht), je voudrais vous parler de mon engagement. Quand je travaillais à la raffinerie, j'avais un bon **poste** (Stelle) avec un très bon **salaire** (Gehalt). Après avoir démissionné, beaucoup de choses ont changé pour moi. Mais je n'ai jamais regretté ma **décision** (Entscheidung). Je **me suis réorienté** (habe umgesattelt), j'**ai repris des études** (habe mit einem neuen Studium begonnen) et je suis devenu spécialiste des oiseaux. J'ai rencontré de nouvelles personnes qui avaient les mêmes idées que moi. Ensemble, nous avons travaillé pour donner à nos enfants et à nos petits-enfants un monde meilleur. Je voudrais donc vous remercier parce que je suis très heureux grâce à vous.

klatschen

Le discours terminé, tous les gens présents **applaudissent**. Le

gerührt

président de l'APLLA est très **ému**. Il n'arrive plus à parler.

Après l'assemblée générale, tout le monde se retrouve autour du

beglückwünschen

président pour le **féliciter**. Un membre de l'association lui dit :

- Bravo, Roland, c'était un très beau discours.

- Je te remercie, lui répond-il.

komisch

- C'est **drôle**... ajoute-t-il.

- Pourquoi ? demande Roland.

dich glücklich

- Parce que... finalement, c'est le naufrage de l'*Erika* qui **t'a rendu**

gemacht hat

heureux. Sans lui, tu travaillerais toujours à la raffinerie...

jedes Unglück hat auch sein Gutes

- Eh oui ! Comme on dit : **à quelque chose malheur est bon**, conclut Roland.

la profession
Beruf

le poste
Stelle

le métier
Beruf

le travail
Arbeit

le job
Job

le télétravail
Homeoffice

le boulot (ugs.)
Job

l'emploi (m.)
Arbeitsstelle

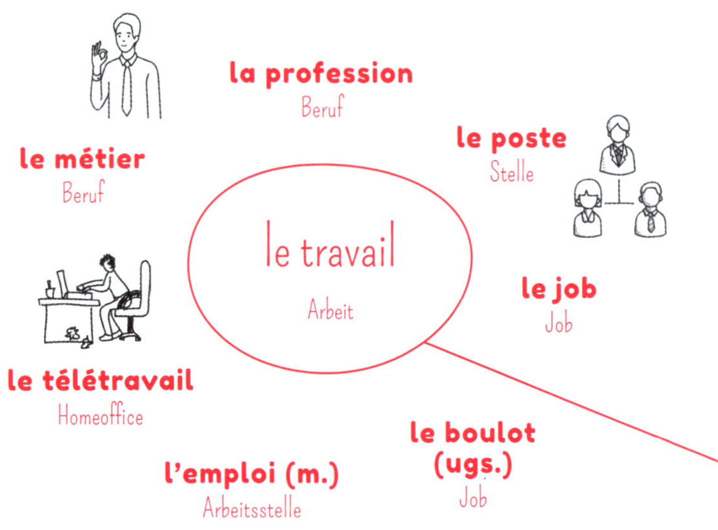

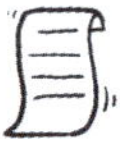

la démission
Kündigung

le contrat de travail
Arbeitsvertrag

la carrière
Karriere

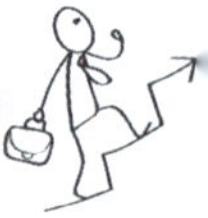

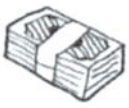

le salaire
Gehalt; Lohn

dans le cadre du travail
im Rahmen der Arbeit

à mi-temps
halbtags

l'employé(e) (m./f.)
der/die Angestellte

à temps plein
Vollzeit

le directeur, la directrice
Leiter(in); Geschäftsführer(in)

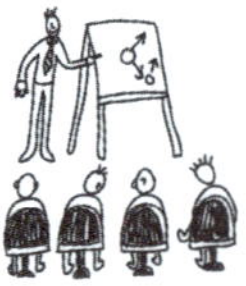

l'hôpital (m.)
Krankenhaus

l'entreprise (f.)
Unternehmen

le bureau
Büro

les lieux de travail
Arbeitsorte

le garage
Werkstatt

l'usine (f.)
Fabrik

le magasin
Geschäft

le monde du travail
Arbeitswelt

se reconvertir
umschulen

démissionner
kündigen

se réorienter
umsatteln

changer
sich verändern

reprendre des études
mit einem neuen Studium beginnen

évoluer
sich entwickeln

être muté(e)
versetzt werden

La Loire à vélo

- C'est **splendide** (wundervoll) ! s'exclame Elsa.

- Je suis d'accord avec toi, lui répond Cédric, son mari.

Le couple **contemple** (bewundert) le **château** (Schloss) de Chenonceaux. Ce **magnifique** château du XVIe siècle **enjambe** (überspannt) le Cher, un **affluent** (Nebenfluss) de la Loire.

Elsa et Cédric **le visitent tranquillement** (besichtigen es in aller Ruhe). Quand ils ont fini, il est déjà 18 heures 30. Ils prennent leur vélo et reviennent au camping. Cédric dit à Elsa :

- Je te propose de manger, puis de prendre un dessert au restaurant du camping.

- Oui, mais je ne veux pas me coucher tard parce qu'une grosse journée nous attend demain.

Cette année, Elsa et Cédric passent des vacances sportives. Ils ont décidé de faire une grande **excursion** (Ausflug) à vélo sur les **bords** (*hier:* Ufer) de la Loire, le « **fleuve royal** (königliche Fluss) ». Ils font du vélo un jour sur deux.

Le reste du temps, ils visitent les **nombreux** (zahlreiche) châteaux de la Loire.

Plus tard, dans le restaurant, un serveur arrive avec les deux desserts. Il demande aux **amoureux** (Verliebten) :

- Combien de temps restez-vous au camping de Chenonceaux ?

- Nous restons une seule nuit. Nous partons demain à vélo à Amboise, puis nous allons jusqu'à Blois, lui répond Elsa.

- Vous faites une **randonnée** (Wanderung) à vélo ?

- Oui, c'est ça, explique Cédric. Nous sommes partis de Saumur il y a quatre jours.

- Vous n'êtes pas très rapides ! **se moque** (spottet) le serveur.

- Nous **en profitons** (nutzen die Gelegenheit) pour **admirer** (bewundern) les **somptueux** (prächtigen) châteaux de la Loire, précise Cédric.

- Vous avez raison. Qu'avez-vous visité ?

- Nous avons **découvert** (entdeckt) le château de Saumur, puis l'**abbaye** (Abtei) de Fontevraud, dit Elsa. Le lendemain, nous sommes allés à la **forteresse** (Festung) de Langeais. Le jour suivant, nous **nous sommes rendus** (*hier:* sind gefahren) au château d'Azay-le-Rideau. Il est au bord d'une **rivière** (Fluss), mais je ne sais plus son nom...

– C'est l'Indre, intervient le serveur.

– Oui, c'est ça, reprend Elsa. Hier, nous avons **rejoint** (erreicht) Villandry, puis nous avons **flâné** (flaniert) à vélo sur les bords du Cher jusqu'ici.

– C'est un joli **cours d'eau** (Wasserlauf), ajoute Cédric. Et aujourd'hui, nous avons enfin vu le château de Chenonceaux et les jardins.

– Et quel est votre programme pour demain ? demande le serveur.

– Nous partons très tôt demain matin pour aller à Amboise. Nous avons prévu de **longer** (entlangfahren) la Loire jusqu'à Blois. Le lendemain, je pense que nous irons à Cheverny.

– C'est une très bonne idée ! s'exclame le serveur. C'est un très beau château. Savez-vous qu'Hergé, le créateur de **« Tintin et Milou »** („Tim und Struppi"), s'en est inspiré pour dessiner le château de Moulinsart ?

– Non, nous ne le savions pas, **avoue** (gibt zu) Elsa. Nous finirons notre **voyage** (Reise) par le château de Chambord.

– Vous avez raison. C'est le plus beaux des châteaux de la Loire. Sa construction **a été ordonnée** (wurde angeordnet) par François Ier. Connaissez-vous la devise de ce roi ?

– Non.

beendete „Denn das ist
- Ce roi **terminait** toutes ses lettres par la formule **« Car tel**
unser gnädiger Wille."
est notre bon plaisir. »

zu Ende geht
Lorsque cette discussion **s'arrête**, il est déjà minuit. Le couple quitte le restaurant. Elsa est très fatiguée et avoue à son mari :

Das war wohl nichts!
- Je voulais me coucher tôt. **C'est raté !**

Zelt
Dans la **tente**, elle s'endort aussitôt, suivie de près par Cédric.

Le lendemain, le réveil sonne à sept heures. Cédric se lève, mais
schüttelt
Elsa est encore endormie. Il la **secoue**:

aufzuwachen Fahrradtour
- Il est l'heure de **se réveiller** ! Nous avons une grande **balade à vélo** à faire aujourd'hui.

- Nous sommes aussi en vacances. Nous pouvons prendre notre temps. J'ai encore envie de dormir, moi !

- Mais j'ai très envie de partir.

- Et moi, je veux rester ici ce matin.

Cédric n'est pas content. Il demande :

gehorchen
- Et pourquoi je t'**obéirais** ?

- *Car tel est notre bon plaisir...*

schläft wieder ein
Et Elsa **se rendort**.

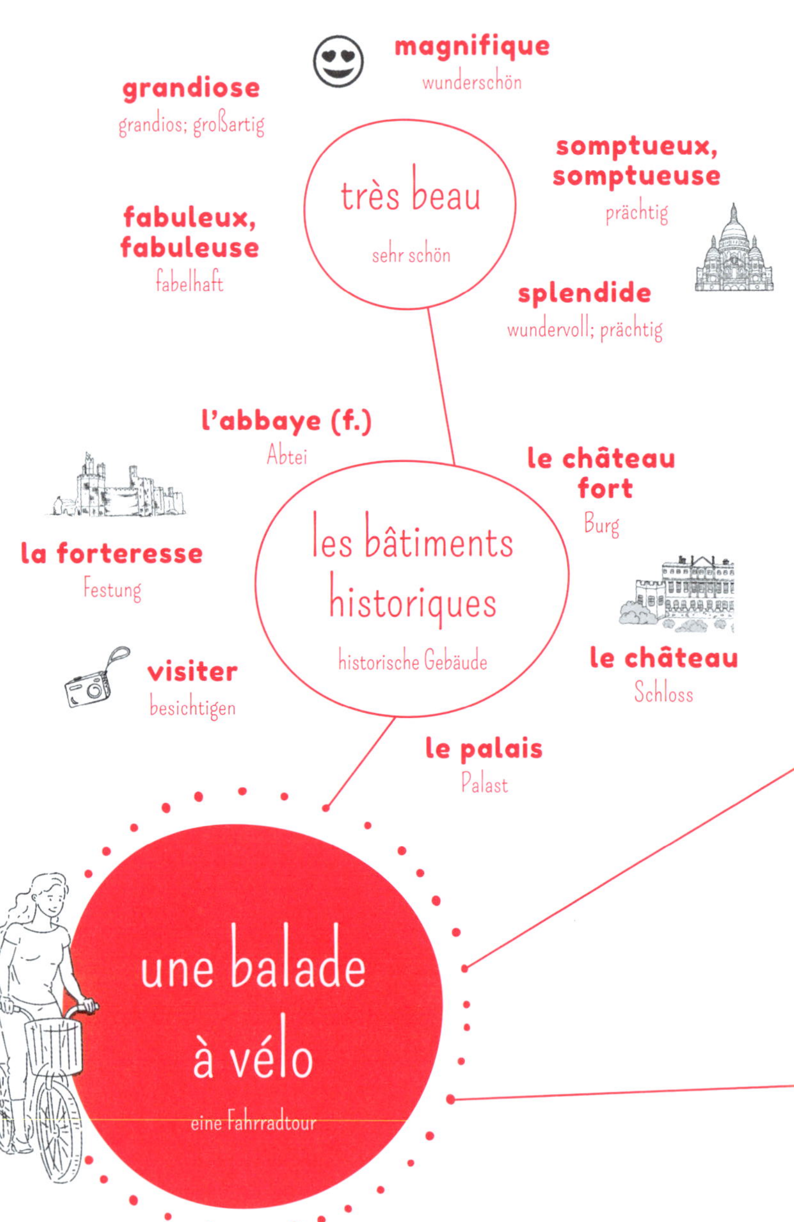
magnifique
wunderschön
grandiose
grandios; großartig
très beau
sehr schön
somptueux, somptueuse
prächtig
fabuleux, fabuleuse
fabelhaft
splendide
wundervoll; prächtig
l'abbaye (f.)
Abtei
le château fort
Burg
les bâtiments historiques
historische Gebäude
la forteresse
Festung
visiter
besichtigen
le château
Schloss
le palais
Palast
une balade à vélo
eine Fahrradtour

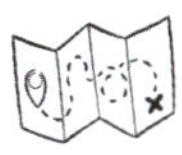

la visite (touristique)
Rundgang; Rundfahrt

se balader (ugs.)
spazieren gehen/fahren

l'excursion (f.)
Ausflug; Tour

la balade
Spaziergang; Spazierfahrt

voyager
(ver)reisen

le voyage
Reise

la promenade
Spaziergang; Spazierfahrt

flâner
flanieren; schlendern

la randonnée
Wanderung

se promener
spazieren gehen/fahren

le ruisseau
Bach

le bord
Ufer

la rivière
Fluss

les cours d'eau
Wasserläufe

l'affluent (m.)
Nebenfluss

le fleuve
Fluss, Strom

le canal
Kanal

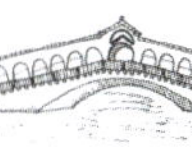

La grue en papier

- C'est la première fois que vous venez ici ?

- Oui.

- Pourquoi êtes-vous venu ?

- Depuis le début du **confinement** (Lockdown), j'ai voulu **me rendre utile** (mich nützlich machen).

Gwenaël est **libraire** (Buchhändler). Il est au **chômage partiel** (Kurzarbeit) à cause du coronavirus. Quand il a lu dans le journal que des gens dans la rue n'avaient plus de nourriture, il a voulu les **aider** (helfen). Il a donc contacté les Restos du Cœur*, une **association** (Initiative) qui **soutient** (unterstützt) les **personnes dans le besoin** (Bedürftigen). Roger, membre de l'association depuis quinze ans, l'a accueilli **à bras ouverts** (mit offenen Armen). Il lui explique la situation en quelques mots :

- On peut **se tutoyer** (uns duzen) ? demande Roger.

- Bien sûr, répond Gwenaël.

- Si tu veux nous **prêter main-forte** (tatkräftig unterstützen), tu es **au bon endroit** (am richtigen Ort).

Les personnes qui aident aux Restos du Cœur sont **âgées** (älter). Elles restent donc maintenant souvent à la maison pour ne pas être **contaminés** (angesteckt) par le virus. C'est d'ailleurs mieux pour elles, mais nous ici, nous sommes donc **débordés** (überfordert). Les **sans-logis** (Obdachlosen) sont nombreux et ne mangent pas correctement. D'autres personnes ont un **toit** (Dach), mais elles n'ont plus d'argent pour payer leurs courses. Ce n'est vraiment pas facile d'aider tout le monde !

– Je comprends, dit Gwenaël. C'est une période difficile. Il est important d'être tous **unis** (vereint). Je suis heureux de **rendre service** (behilflich sein).

– Nous avons besoin de gens comme toi, jeune et **engagé** (engagiert).

Tous les **bénévoles** (Freiwilligen) sont **rassemblés** (versammelt) sur le parking. Roger s'adresse à tous et explique le programme de la journée à chacun. Tout d'abord, ils vont chercher le **camion** (LKW) qui est encore au **dépôt** (Lager) dans la nouvelle **zone industrielle** (Gewerbegebiet). Ensuite, ils mettent la nourriture à l'intérieur. Puis ils vont dans un grand boulevard et **s'installent** (stellen sich auf) sur le **trottoir** (Gehweg). Enfin, ils **distribuent** (verteilen) les aliments. Roger dit :

– Nous donnons à tout le monde. Nous **arrêterons** (werden aufhören) quand le camion sera **vide** (leer).

Gwenaël se met au travail. Il est surpris. Il pensait voir des **clochards** (Penner). Mais il voit beaucoup de familles avec des enfants.

Roger lui explique :

– Aujourd'hui, **les gens pauvres** (die Armen) ne ressemblent pas à des **miséreux** (Notleidende). Ils sont comme toi et moi.

Une fille de six ans avec un grand sac et son père **s'approchent** (nähern sich). Ils ne parlent pas français. Gwenaël leur donne des pâtes et des conserves de légumes. Il donne aussi du chocolat à la petite fille. Elle lui sourit, puis s'en va avec son père.

Quand le camion est vide, Roger dit aux bénévoles :

– Merci à vous. J'ai encore besoin de vous pour aller au **centre d'hébergement** (Notunterkunft). Il faut **nettoyer** (reinigen) deux appartements pour deux nouvelles familles.

Chacun accepte. Le centre d'hébergement se trouve dans une petite rue du centre-ville. Le **nettoyage** (Reinigung) prend du temps parce que tout doit être parfaitement **propre** (sauber) à cause du coronavirus. Quand les bénévoles ont fini, Gwenaël est très fatigué. Mais il est content. Il a le sentiment d'avoir été utile. Soudain, il voit la fillette qui lui a souri quand il lui a donné le chocolat. Sa famille va vivre dans l'appartement qu'il a nettoyé. La jeune fille a **reconnu** (erkannt) Gwenaël. Elle fait un geste de la main. Roger dit à Gwenaël :

- Elle veut te donner quelque chose.

La petite fille sort un **cahier** (Heft) de son sac. Elle **arrache** (reißt … heraus) une page et fait un oiseau en papier. Elle le donne ensuite à Gwenaël. Il la remercie. La fillette court ensuite vers l'appartement avec un grand sourire. Gwenaël regarde l'oiseau en papier. Roger lui dit :

- C'est une **grue** (Kranich). Au Japon, je crois que les grues en papier apportent la santé et le bonheur si on en fabrique mille en une seule année !

Gwenaël est **touché** (gerührt). Aujourd'hui, il a donné son temps pour aider les gens, mais il a aussi beaucoup **reçu** (zurückbekommen).

* *Les Restos du Cœur* ist eine Initiative, die Essen und Kleidung an Bedürftige verteilt. Gegründet wurde sie 1985 von dem kurze Zeit später verstorbenen Komiker Coluche. Unter dem Namen *Les Enfoirés* geben bis heute zahlreichen Prominenten jedes Jahr Benefizkonzerte, um die Initiative zu unterstützen.

le/la mendiant(e)
Bettler(in)

le/la sans-logis
Obdachlose(r)

les gens pauvres
die Armen

le miséreux, la miséreuse
Notleidende(r), Arme(r)

la personne dans le besoin
der/die Bedürftige(r)

le/la SDF (sans domicile fixe)
Obdachlose(r)

le/la clochard(e)
Penner(in)

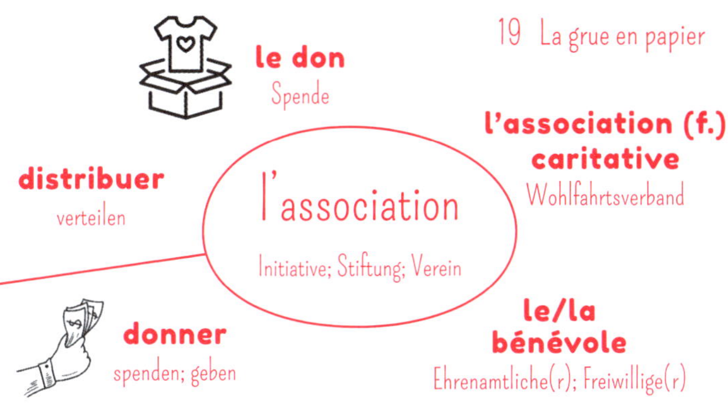

l'association
Initiative; Stiftung; Verein

le don
Spende

l'association (f.) caritative
Wohlfahrtsverband

distribuer
verteilen

donner
spenden; geben

le/la bénévole
Ehrenamtliche(r); Freiwillige(r)

aider
helfen

assister
helfen; unterstützen

prêter main-forte
tatkräftig unterstützen

soutenir
unterstützen

rendre service
behilflich sein

secourir
Hilfe leisten

solidaire
solidarisch

engagé(e)
engagiert

uni(e)
vereint

en commun
gemeinsam

ensemble
zusammen; miteinander

soudé(e)
zusammengewachsen; vereint

20 Au Pays basque (Baskenland)

- Êtes-vous **prêts** (bereit) ?

- Oui ! répondent **en chœur** (alle gleichzeitig) les **randonneurs** (Wanderer).

- Et vous avez vos **tentes** (Zelte) et vos **sacs de couchage** (Schlafsäcke) ?

- Oui !

Rachel, Gabriel et Margaux sont en vacances dans le Pays basque. Ils ont décidé de **faire une randonnée** (wandern) de deux semaines avec un **guide** (Bergführer) basque, Bixente. Ils commencent par **monter** (gehen hoch) sur la Rhune, une montagne de 905 mètres qui offre un panorama à 360 degrés : à l'ouest l'océan Atlantique, à l'est les Pyrénées. Chacun prend son **sac à dos** (Rucksack). Bixente **prévient** (warnt) le groupe :

- Je vous conseille de mettre un **coupe-vent** (Windjacke). Il fait beau. Mais là-haut, le vent qui vient de la mer **souffle** (weht) fort.

Les randonneurs **se mettent en marche** (marschieren los). Sur le chemin, ils **sont dépassés** (werden überholt) par un petit train. Bixente explique :

- C'est un **train à crémaillère** (Zahnradbahn) qui tranporte les touristes au

Gipfel
sommet de la Rhune.

Soudain, Margaux entend un bruit et se retourne.

- Oh ! crie-t-elle. Des poneys.

- Ce sont des pottoks, explique Bixente. Ce sont des petits
freilebende Pferde
chevaux qui vivent en liberté dans la montagne, comme
Gämse
les isards, une sorte de **chamois** qui ne vivent que dans les
Bären
Pyrénées, et bien sûr les **ours**...

- Les ours ? s'inquiète Gabriel. Il y a des ours ici ?

- Il y a des ours dans les Pyrénées, oui. Mais ils ne viennent jamais jusqu'ici. Il y a trop de touristes.

Les randonneurs continuent de monter. Au milieu de la matinée, ils font une pause. Bixente leur dit :

erreichen werden
- Regardez là-bas. C'est la Rhune. Quand nous **atteindrons** le sommet vers midi, nous pourrons manger des spécialités basques dans un restaurant.

- Et là-haut, quel est cet oiseau qui vole au-dessus de la montagne ? demande Rachel.

Steinadler
- C'est un **aigle royal**, répond Bixente.

La pause est terminée. Les randonneurs repartent sous un grand soleil. Une heure plus tard, ils atteignent le sommet de la Rhune. Bixente leur explique :

– La gare où **se trouve** (sich befindet) le petit train à crémaillère est en France, mais le restaurant où nous allons manger est en Espagne. Nous sommes juste sur la frontière.

Bixente leur montre ensuite l'océan Atlantique :

– La ville là-bas, c'est Saint-Jean-de-Luz. Plus au nord, c'est Biarritz, puis Bayonne. Maintenant, allons manger !

Les randonneurs entrent dans le restaurant. C'est Bixente qui choisit le menu. **Tout le monde est impatient** (Alle sind gespannt) de découvrir l'**appétissante** (verlockende) cuisine basque. Ils prennent d'abord un apéritif : la patxaran.

– Le patxaran est une **liqueur de prunelles** (Schlehenlikör), explique Bixente. C'est doux et sucré.

– Un peu fort, mais **c'est bon** (es schmeckt gut) ! s'exclame Gabriel.

Un serveur arrive avec un **plateau de charcuterie** (Wurstplatte), du **fromage** (Käse) et du pain. Bixente dit aux randonneurs :

- Vous ne pouvez pas faire une randonnée dans la Pays basque
probieren Schinken
sans **goûter** au **jambon** de Bayonne !

köstlich
- C'est **délicieux** ! s'exclame Rachel.

Pastete
- Et voici une **terrine** au piment d'Espelette, ajoute Bixente. Si ce n'est
scharf Chorizo
pas assez **pimenté** pour vous, je vous conseille de goûter ce **chorizo**.

stimmt zu
- C'est vraiment délicieux, **approuve** Margaux.

Schaf
- Goûtez également cet Ossau-Iraty, un fromage de **brebis** typique du Pays basque, propose Bixente.

hervorragend
- C'est **excellent**, disent les trois randonneurs.

- Il est temps de passer au dessert. Voici le célèbre gâteau basque, un excellent gâteau à la crème !

C'est tellement bon que les randonneurs ne parlent plus. À la fin du repas, Bixente se lève et dit :

- Et maintenant, la dernière grande spécialité basque :
Mittagsschläfchen
la **sieste** !

bricht in lautes Lachen aus
Toute l'équipe **éclate de rire**. Et Margaux ajoute :

- Mais si tous les repas basques sont comme celui-là, nous ne finirons jamais notre randonnée !

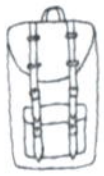

le sac à dos
Rucksack

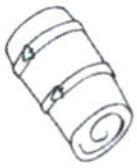

le sac de couchage
Schlafsack

l'équipement
Ausrüstung

la chaussure de marche
Wanderschuh

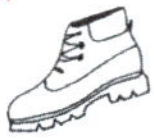

la tente
Zelt

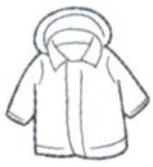

le coupe-vent
Windjacke; Regenjacke

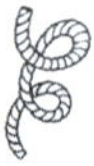

escalader
klettern

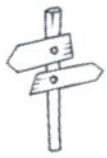

accéder
gelangen

jusqu'au sommet
bis zum Gipfel

monter
hinaufgehen; hochsteigen

grimper
hinaufklettern

atteindre
erreichen

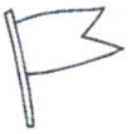

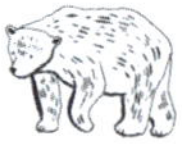

l'ours (m.)
Bär

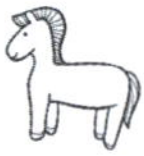

le cheval
Pferd

le chamois
Gams

les animaux
Tiere

la brebis
Schaf

l'aigle (m.)
Adler

le loup
Wolf

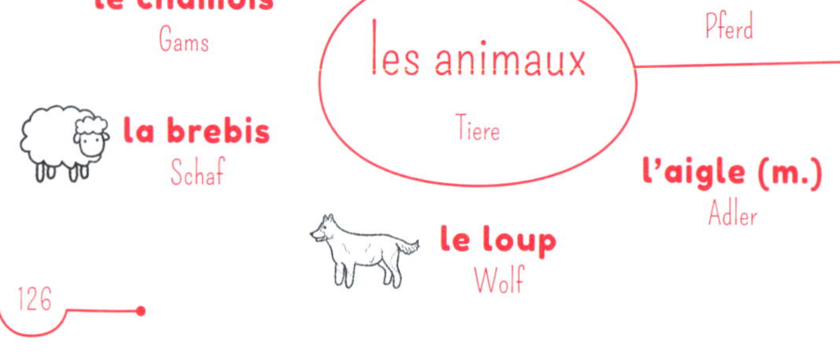

le fromage
Käse
goûter
kosten, probieren
excellent(e)
hervorragend;
ausgezeichnet
le jambon
Schinken
la gastronomie
Gastronomie
délicieux,
délicieuse
lecker; köstlich
ppétissant(e)
lockend; appetitanregend
c'est bon
es schmeckt gut
la terrine
Pastete
le gâteau
Kuchen
la charcuterie
Wurst
la
liqueur
Likör
faire une
randonnée
wandern

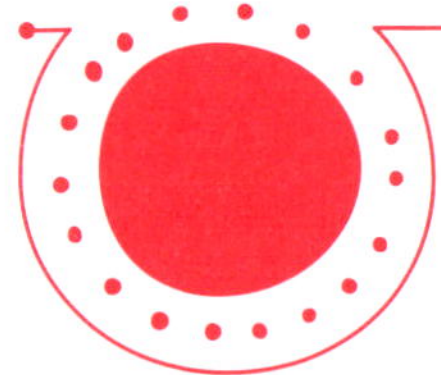

Bildquellenverzeichnis

S. 12: Shutterstock/ArtAllAnd; **S. 12.1:** Shutterstock/veekicl; **S. 13:** Shutterstock/artnLera; **S. 13:** Shutterstock/gigi rosa; **S. 13:** Getty Images/Kamieshkova; **S. 13:** Shutterstock/Sapunkele; **S. 13, 31, 49, 54:** Shutterstock/veekicl; **S. 13, 55, 84, 96, 97, 102, 103:** Shutterstock/primiaou; **S. 18:** Shutterstock/Haryadi CH; **S. 18:** Shutterstock/hugolacasse; **S. 18:** Shutterstock/PedroNevesDesign; **S. 18, 37, 49, 54, 61, 102, 103, 115, 127:** Shutterstock/mhatzapa; **S. 18, 67:** Shutterstock/Tippawan Kunkeaw; **S. 18, 84, 85:** Shutterstock/topform; **S. 19:** Getty Images/Irina Yuzh; **S. 19:** Shutterstock/En min Shen; **S. 19:** Getty Images/Lalahouse; **S. 19:** Shutterstock/marssanya; **S. 19:** Shutterstock/Sashatigar; **S. 19, 114:** Shutterstock/Annykos; **S. 24:** Shutterstock/After Shutter; **S. 24:** Shutterstock/Goodreason; **S. 24, 49, 72:** Getty Images/Dina Mariani; **S. 24, 55, 66, 67:** Shutterstock/Ohn Mar; **S. 24, 67:** Shutterstock/ONYXprj; **S. 25:** Shutterstock/Ieremy; **S. 25.3:** Shutterstock/jamtoons; **S. 25, 55:** Getty Images/Fafarumba; **S. 25, 55:** Shutterstock/KateMacate; **S. 25, 66, 67, 79:** Getty Images/fleaz; **S. 25, 67, 96:** Shutterstock/Freud; **S. 30:** Shutterstock/Lemonade Serenade; **S. 30:** Getty Images/Rattikankeawpun; **S. 30:** Getty Images/tsaplia; **S. 30:** Shutterstock/whitemomo; **S. 30, 31, 36, 37, 109:** Shutterstock/Nikolaeva; **S. 30, 31, 60, 79, 115:** Getty Images/frimages; **S. 30, 127:** Getty Images/ONYXprj; **S. 31:** Getty Images/kostenkodesign; **S. 31:** Shutterstock/Ayaruta; **S. 31:** Shutterstock/snorks; **S. 31, 114:** Shutterstock/browndogstudios; **S. 36:** Getty Images/FrankRamspott; **S. 36:** Shutterstock/Alexandra Dikaia; **S. 36,49, 85:** Shutterstock/Daniela Barreto; **S. 37:** Getty Images/Netkoff; **S. 37:** Shutterstock/MatoomMi; **S. 37:** Shutterstock/Qilli; **S. 37:** Shutterstock/topform84; **S. 42:** Shutterstock/Mariia Kugergina; **S. 42:** Shutterstock/Martina V; **S. 42, 43, 61, 78:** Shutterstock/Ollustrator; **S. 43, 54, 60, 61, 78, 79, 84, 126:** Shutterstock/GooseFrol; **S. 43, 55:** Shutterstock/Rassco; **S. 43, 78:** Shutterstock/Mascha Tace; **S. 48:** Shutterstock/ilyast; **S. 48, 61, 121.1:** Getty Images/Magnilion; **S. 48, 78:** Getty Images/redchocolate; **S. 49, 55, 60, 109:** Getty Images/Valeriya_Dor; **S. 49, 66, 67, 108, 109:** Getty Images/jesadaphorn; **S. 49, 78:** Shutterstock/Katerin_vin; **S. 49, 84, 85, 103:** Shutterstock/Natasha Pankina; **S. 54:** Getty Images/Bakai; **S. 54:** Shutterstock/rakushka13sell; **S. 54, 103:** Shutterstock/Pand P Studio; **S. 55:** Shutterstock/kates_illustrations; **S. 55.4:** Shutterstock/Orfeev; **S. 55, 85:** Shutterstock/Tiwat K; **S. 55, 90, 91, 109, 127:** Shutterstock/AuraArt; **S. 55, 103, 127:** Getty Images/insemar; **S. 60:** Shutterstock/Paket; **S. 60, 85:** Getty Images/Maria Averburg; **S. 60, 85:** Getty Images/Igor Zakowski; **S. 61:** Shutterstock/Fafarumba; **S. 61.2:** Getty Images/dimonspace; **S. 61, 79, 84, 97:** Shutterstock/topform84; **S. 66:** Getty Images/IhorZigor; **S. 72, 73:** Getty Images/Memo Angeles; **S. 72, 73:** Shutterstock/kimberrywood; **S. 72, 73, 108:** Shutterstock/Devita ayu silvianingtyas; **S. 72, 97, 114, 115, 126:** Adobe Stock/josep perianes jorba; **S. 73:** Getty Images/Macrovector; **S. 73:** Shutterstock/Alena Kaz; **S. 73:** Shutterstock/Multigon; **S. 73.2:** Shutterstock/Panda Vector; **S. 78:** Shutterstock/Tatyana Okhitina; **S. 78, 84:** Shutterstock/Sasha_Ivv; **S. 79:** Shutterstock/piqbg; **S. 84:** Shutterstock/macrovector; **S. 84, 85:** Shutterstock/Prokhorovich; **S. 85:** Shutterstock/kadirkaba; **S. 90:** Getty Images/Kiarnight; **S. 90, 91:** Shutterstock/Natasha_Pankina; **S. 90, 91:** Shutterstock/schiva; **S. 91:** Getty Images/Victoria Sergeeva; **S. 91:** Shutterstock/Aleks Bond; **S. 91:** Shutterstock/Aleksandra Novakovic; **S. 96:** Getty Images/LokFung; **S. 96:** Shutterstock/jivopira; **S. 96:** Shutterstock/teamplay; **S. 96, 103:** Getty Images/Victoria Sergeeva; **S. 97:** Shutterstock/NikaYekimenko; **S. 102:** Shutterstock/wasapohn; **S. 103:** Getty Images/naum; **S. 103, 127:** Shutterstock/Farah Sadikhova; **S. 108:** Shutterstock/Chief Crow Daria; **S. 109:** Shutterstock/Diego Schtutman; **S. 109:** Shutterstock/Drawlab19; **S. 114:** Getty Images/ulimi; **S. 114, 115:** Shutterstock/Saint A; **S. 115:** Shutterstock/Undrey; **S. 115, 126:** Shutterstock/balabolka; **S. 120, 121:** Shutterstock/Sir.Vector; **U1:** Shutterstock/Atstock Productions; **U1:** Shutterstock/GCapture; **U1:** Shutterstock/proslgn